Le petit livre noir des grands projets inutiles

Merci aux Camille qui ont participé à la rédaction de ce livre. Merci à toutes celles et ceux qui luttent pour une planète vivable.

Éditions le passager clandestin
1 rue de l'Église
72240 Neuvy-en-Champagne
www.lepassagerclandestin.fr

Couverture : Yanni Panajotopoulos (yanni@pleineouverture.com)
Photographie de couverture : © ValK / collectif bon pied bon œil
Corrections : Anne Kraft

Camille

Le petit livre noir des grands projets inutiles

Éditions le passager clandestin

TABLE DES MATIÈRES

CE N'EST QU'UN DÉBUT...

Mourir pour des idées[1]

Par une belle soirée d'automne, un jeune homme est mort dans la fleur de l'âge ; d'une grenade offensive dans le dos. Durant 48 heures, les plus hautes autorités politiques du pays ont cherché leurs mots, bafouillant ou éructant, oubliant la plus élémentaire compassion, cherchant à cacher leur forfaiture en entretenant une scandaleuse ambiguïté sur les causes de cette mort.

Parce qu'en politique, il ne faut jamais perdre la face, le ministre de l'Intérieur s'est cru autorisé à affirmer que la mort de Rémy Fraisse n'était pas une bavure. À l'évidence, le décès de ce jeune botaniste ne l'était pas. Au regard des violences physiques et verbales perpétrées par les forces de l'ordre qui ont émaillé la plupart des rassemblements en septembre et octobre 2014, à Sivens et ses environs, le drame qui s'est noué le 26 octobre 2014 n'a été une surprise que pour celles et ceux qui n'ont pas voulu voir une réalité dessinée à grands coups de matraques et flash-balls.

Depuis les grands rassemblements et la constitution de la première zone à défendre (ZAD) ayant mis en échec le projet d'aéroport de Notre-Dame-des-Landes en octobre 2012, l'État cherche la parade pour étouffer la contestation. De peur de

1. Thierry Carcenac, président du conseil général du Tarn et ardent défenseur du barrage de Sivens, a déclaré, à propos de la mort de Rémi Fraisse « mourir pour des idées, c'est une chose, mais c'est quand même relativement stupide et bête ».

voir naître des mobilisations aussi ludiques que créatives à l'encontre de projets inutiles et imposés, le gouvernement a tenté de pulvériser la contestation. Sivens fut le théâtre d'une violence policière inouïe. La plupart du temps en lisière du droit ; privilégiant la loi du talion…

À Sivens, malgré des opposants ouverts au dialogue, optant systématiquement pour des actions non violentes, les autorités locales et nationales n'ont eu qu'une idée en tête : en finir, quel qu'en soit le prix, avec cette contestation protéiforme. Et les larmes d'une famille et l'amertume de militants sidérés par ce déploiement de force furent le prix à payer.

Ce déchaînement de violence révèle la force de l'idéologie, le poids des certitudes qui irriguent ce petit monde politique dont la morgue suinte à la commissure des lèvres et transpire par tous les pores de la peau.

Les projets contestés aux quatre coins du territoire esquissent une ligne de fracture entre cette classe politique arc-boutée sur ses certitudes nées durant les trente glorieuses et cinquante gaspilleuses, et une société qui a déjà engagé sa mue écologique. Inapte à saisir ce basculement historique, l'oligarchie joue du bâton.

L'histoire nous éclaire pourtant. Ceux qui usent et abusent de la violence, fût-elle légale, perdent, avec le temps, toute légitimité, pour tomber ensuite dans l'oubli et le mépris. Voici venu le temps de tourner la page, de balayer ces scories idéologiques qui ont porté au pinacle croissance et détestation de la nature, progrès technoscientifique et haine de cette humanité qui sommeille en nous.

Le combat contre les grands projets inutiles est une lutte existentielle. Locale et globale, chaque mobilisation est tout à la fois une preuve de la vitalité sociale et l'expérience sensible de notre aptitude à contester et espérer un autre monde.

L'oligarchie espérait en avoir fini avec ce peuple irascible.

En frappant sans discernement, au point de tuer, elle a mis en scène sa profonde faiblesse. Un gamin en est mort. Nous ne l'oublierons pas !

Du jeu des sept différences aux sept convergences

La notion de « grands projets inutiles », pour hétérogène qu'elle puisse apparaître, recouvre des similitudes indéniables, si l'on prend le temps de les analyser sérieusement. De prime abord, un aéroport n'a pas grand-chose à voir avec un incinérateur, un barrage dévolu à l'irrigation, une centrale nucléaire ou une autoroute. Rien ne semble pouvoir rapprocher une ferme-usine d'un stade de foot si ce n'est le public qu'on y entasse parfois... Et pourtant.

Depuis une demi-douzaine d'années, des projets d'infrastructures, grands et moins grands, font l'objet d'une contestation déterminée qui prend sa source dans le rejet d'une certaine forme de démocratie trop souvent résumée au seul temps de l'élection. Une fois le bulletin glissé dans l'urne, le peuple est appelé à rentrer docilement chez lui et à subir la destruction de son environnement quotidien. L'élu, du haut de sa légitimité élective, voit dans le déversement de béton et asphalte un moyen de marquer l'histoire de son empreinte indélébile. Faute de grands desseins, il se réfugie dans une certaine facilité consistant à copier et coller sans recul ni imagination des projets qui fleurent bon le colbertisme à peine mâtiné d'un gaullisme remis au goût du jour.

Le second trait commun unifiant ces projets est à rechercher dans leur caractère éminemment daté. Un aéroport comme celui de Notre-Dame-des-Landes a été imaginé dans les années 1960 par des ingénieurs nées au début du XXe siècle. Difficile, même en le couvrant de peinture verte, d'en faire un projet futuriste : la situation qui prévalait avant le premier choc pétrolier est bel et bien dépassée.

Cette filiation avec ces années où l'or noir coulait à flot, associée à l'indolence du consommateur repus, nous conduit tout droit au troisième parallélisme des formes. Dans un monde où le pétrole ne valait pas plus cher que le sang répandu pour se l'approprier et où la méconnaissance des dynamiques climatiques permettait tous les excès, on pouvait encore faire passer une infrastructure de transport pour un vecteur de progrès. Puis vint cet « avenir » lourd de menace, où tout a concouru à nous rappeler notre responsabilité à l'égard du vivant sous toutes ses formes : choc pétrolier, menace climatique, catastrophe nucléaire... ont fait vaciller nos certitudes ; elles auraient dû changer la donne. Mais le monde politique est souvent un espace clos sur lui-même, hermétique aux évolutions sociales et écologiques. La prise en compte de la menace climatique est cantonnée aux discours lyriques, certes, mais dénués de décisions concrètes. Le double discours tend ainsi à se généraliser et à accoucher d'une écologie hors sol où la grandiloquence du verbe cache mal l'inaction politique. D'où cette permanence d'idées datées et de solutions toutes faites ; d'où cette succession de sommets internationaux où l'insincérité domine et l'inaction persiste. Les « pétrooliques » anonymes se réunissent, échangent, cherchent les moyens de résoudre la crise à grands coups de fausses solutions technologiques et trinquent à la santé du climat en danger. Or la destruction de l'environnement ne se limite malheureusement pas à celle du climat. Tous les sept ans, l'équivalent d'un département français disparaît sous le béton. La terre nourricière est gaspillée, les zones humides artificialisées, les espaces naturels détruits avec une rage qui défie l'entendement. Conscients de l'impact qu'ils causent, les « destructivistes » ont promu une doctrine fumeuse dite de la compensation « biodiversité ». Les maîtres d'ouvrage doivent définir des mesures adaptées pour éviter, réduire, et, lorsque c'est nécessaire et possible, compenser leurs impacts négatifs significatifs sur l'environnement. La compensation revient à recréer ailleurs et de toutes pièces la zone naturelle détruite, exfiltrant puis réintroduisant les espèces menacés. C'est aussi facile qu'un clic de souris mais totalement artificiel. Sur le papier, cette compensation donne bonne conscience et fait illusion : c'est l'essentiel… Les adeptes d'une « nature.com » peuvent continuer à parader de débats et enquêtes publics en conférences de citoyens !

Quatrième trait commun : le débat public s'apparente trop souvent à un exercice de style sans lien réel avec la décision finale. Obligatoire quand le coût du projet dépasse 300 millions d'euros, la procédure laisse sur le côté trop de projets qui, sans être si onéreux, n'en sont pas moins destructeurs. Pire, certains maîtres d'ouvrage peu scrupuleux morcèlent leur projet en plusieurs projets de tailles intermédiaires, de façon à rester en deçà de la fameuse limite des 300 millions d'euros. La Commission nationale du débat public (CNDP), chargée d'animer l'échange, organise le débat à partir des données transmises par le maître d'ouvrage qui peut, à loisir, mentir par omission en occultant certaines données gênantes. La convention internationale d'Aarhus relative à l'information et la participation du public en matière d'environnement, dont la France est signataire, postule qu'il est prévu d'encourager la participation du public dès le début d'une procédure d'aménagement, « c'est-à-dire lorsque toutes les options et solutions sont encore possibles et que le public peut exercer une réelle influence ». Lorsque la CNDP organise un débat public, il est peu de dire que toutes les options et solutions ne sont plus possibles. De fait, cette Commission devrait avoir le devoir d'intervenir beaucoup plus en amont de la décision, et ce afin d'éviter les débats factices qui ont trop souvent lieu en vue de justifier une décision déjà prise. Enfin, quelle que soit la qualité du débat, le maître d'ouvrage a l'entière liberté de ne pas prendre en compte les conclusions et avis formulés...

De même, les enquêtes publiques se résument trop souvent à un passage obligé où quelques commissaires enquêteurs simulent l'écoute pour mieux imposer un projet néfaste. Mais même lorsque les commissaires enquêteurs font preuve d'intégrité, le préfet peut déclarer d'utilité publique un projet qui ne l'est manifestement pas. Le Center Parcs du Chambaran a ainsi reçu un avis négatif à l'unanimité des quatre commissaires enquêteurs, avant d'être validé par le préfet ! Face à l'ensemble de ces dysfonctionnements, le chef de l'État a annoncé, durant la troisième conférence environnementale, la réunion d'une commission sur la démocratie participative qui faisait elle-même suite à une autre commission sur la modernisation du droit de l'environnement. Dans l'ancien temps, entretenir le statu quo en simulant le mouvement passait par la rédaction d'un rapport et la réunion d'une commission. Désormais, face aux controverses écologiques, il est nécessaire d'avoir recours à deux commissions, preuve de l'importance des enjeux...

Parmi les nombreuses similitudes reliant les projets inutiles entre eux, on constate la dérive des coûts et les évaluations de trafic souvent fantaisistes, qui permettent aux maîtres d'ouvrage de justifier artificiellement la pertinence de leurs projets. « Quand on aime, on ne compte pas », dit le dicton populaire. Si l'amour des élus pour les bétonneurs de tout poil peut se mesurer à cette formule, le nucléaire est sans conteste un secteur où l'on aime passionnément ; à la folie, même ! Un réacteur EPR voit ainsi son budget initial passé de 3,3 milliards d'euros à plus de 10 milliards d'euros. Le centre de stockage de déchets nucléaires de Bure engouffre avant tout des tombereaux d'euros. Selon l'association Global Chance, les montants envisagés pour l'enfouissement des déchets varient d'un facteur 4, passant de 14,7 milliards d'euros (1996) à plus de 58 milliards d'euros

(2003). Iter, hypothétique réacteur expérimental permettant de tester, durant quelques millisecondes, la possibilité de produire de l'énergie à partir de la fusion nucléaire absorberait, au bas mot 10 milliards d'euros...

À une échelle plus « modeste », les grandes infrastructures de transport absorbent une part non négligeable de l'investissement public. Plusieurs dizaines de milliards d'euros sont mobilisés pour des projets de lignes et gares à grande vitesse dont la rentabilité économique fait régulièrement l'objet de critiques virulentes de la part de la Cour des comptes. Les projets autoroutiers ne sont pas en reste puisqu'ils sont régulièrement remis au goût du jour par les ministres successifs. L'abandon de l'écotaxe a fortement asséché les ressources permettant de financer de nouvelles infrastructures. C'était compter sans la créativité légendaire des forcenés du BTP. Moyennant un investissement d'un peu plus de trois milliards d'euros, les sociétés d'autoroutes ont obtenu un allongement de la durée de leur concession, dont chacun peut mesurer le caractère déséquilibré et la situation de rente indu qu'il vaut au secteur privé.

Même en période de vaches maigres, l'État bâtisseur ne transige pas. Il sait trouver l'argent qu'il ne consent plus à verser sous forme d'aides sociales. Le ministère de l'Écologie voit son budget amputé année après année, limitant drastiquement son pouvoir d'évaluation et de contrôle. Le ministère de l'Agriculture menace de réduire chaque année l'enveloppe consacrée aux aides à la conversion et au maintien de l'agriculture biologique. Parallèlement, l'État signe des partenariats public-privé léonins, cédant au privé la gestion d'infrastructures moyennant l'investissement que l'État n'est plus en mesure de supporter.

Non content de « racheter » à vil prix des infrastructures publiques, le secteur privé sait également introduire des clauses limitant tout risque financier. En cas d'insuccès, les collectivités locales sont parfois appelées à combler le manque à gagner né d'évaluations de trafic pour le moins approximatives. Il est ainsi aisé de présenter des hypothèses de rentabilité assises sur des évaluations mensongères, envisageant par exemple, à Notre-Dame-des-Landes, un triplement du nombre de passagers utilisant l'aéroport, là où le nombre de décollages et d'atterrissages est sensiblement le même depuis 2000. L'une des dernières autoroutes construites, l'A65 entre Pau et Langon, peine à atteindre la moitié du trafic estimé à l'origine…

Cette privatisation larvée est largement facilitée par un jeu où les décideurs privés et ceux du public convolent en justes noces, entretenant des relations de proximité fréquentes, participant trop souvent à un vaste mercato où le directeur de Cofiroute, filiale de Vinci, est par exemple recyclé comme « conseiller Transport » auprès du Premier ministre, où le préfet qui pilotait l'appel d'offres ayant conduit à choisir Vinci comme concessionnaire de l'aéroport de Notre-Dame-des-Landes finit sa carrière chez ASF (Autoroutes du Sud de la France), filiale de Vinci… Les exemples sont légions. La consanguinité d'une élite intoxiquée au kérosène, shootée au dioxyde de carbone est telle qu'elle fait système. Tout corps étranger à cette oligarchie (citoyens, zadistes, associations, opposants politiques) est ainsi perçu comme un grain de sable à broyer finement pour servir de liant au béton à couler.

Le dernier trait caractéristique commun aux grands projets inutiles tient au système de défense que l'oligarchie des ministères et des sièges sociaux des grandes multinationales met en œuvre pour préserver ses places. La violence perpétrée par les forces de l'ordre à l'encontre des zadistes n'est que le symptôme le plus apparent de cette lutte à mort engagée par le système dominant pour se débarrasser des empêcheurs de bétonner en rond. Les productivistes ronronnaient tranquillement depuis plus d'un quart de siècle. Attaqué de toute part, le système contre-attaque, parfois durement, souvent de façon arrogante, n'hésitant pas à asséner des arguments d'autorité qui ne résistent plus à l'analyse.

La multiplicité des formes d'opposition aux projets inutiles et imposés ne doit pas nous amener à mélanger la partie pour le tout, un projet et l'idéologie qui le sous-tend et le justifie. Chaque lutte est à la fois une opposition locale et un combat global. En réagissant de façon violente, la classe politique a bien cerné la force émancipatrice des combats menés, à la fois uniques et pluriels, fruits de mobilisations locales prêtes à entrer en résonnance avec tous ceux qui aspirent à une planète vivable. De cette friction contestataire, des formes sociales et politiques nouvelles sont en train d'émerger : il n'y a pas de grand ou de petit projet, il n'y a que des mobilisations utiles.

Écocide

La dégradation de l'état de la planète n'est un mystère pour personne. Du crash climatique au choc énergétique, de l'effondrement des écosystèmes à l'épuisement des ressources naturelles en passant par la pollution de l'air, de l'eau, de la terre, la contamination de la nature, la déforestation ou la surpêche, ce système productiviste vacille et menace de nous entraîner dans sa chute. Le précipice n'est plus loin mais les profiteurs du système appuient sur l'accélérateur dans un mouvement nihiliste suicidaire.

Chaque heure qui passe en France, environ 10 hectares de terre agricole sont artificialisés. La concentration du CO_2 dans l'atmosphère vient de dépasser les 400 parties par million (PPM), seuil au-delà duquel les scientifiques s'accordent pour estimer qu'une hausse de 2°C ou plus de la température globale est inévitable. La biodiversité disparaît à un rythme 100 à 1 000 fois supérieur au rythme naturel ! Le constat est connu, partagé, alarmant et irréfutable.

Mais le système technicien peine à faire une lecture cohérente de la situation. L'ingénieur, confiné à son domaine particulier, tente de résorber un problème ponctuel quand la crise est systémique. Ces élites espèrent ainsi relancer la machine économique en s'affranchissant ouvertement de la donne écologique.

Tétanisées à l'idée de remettre en cause leurs certitudes, elles appliquent méthodiquement les mêmes solutions, celles qui nous ont pourtant conduits aux crises actuelles. Avec une déconcertante facilité, des experts « en tout » réussissent à imposer leur vue étriquée à des élus à bout de souffle. De ce tropisme renaissent les projets coûteux, obsolètes, inutiles et destructeurs.

Face à la crise économique, tout est bon ; peu importe que ces fausses « bonnes solutions » engendrent des situations pires encore que celles qu'elles prétendent résoudre. Seule compte l'illusion d'une croissance retrouvée. Mais le répit n'est que de courte durée. Impulser une vaste politique de grands travaux ne répond en rien à la crise écologique qui conduit aux crises économiques et sociales. Pendant ce temps, la transition écologique nécessaire est éternellement repoussée, alors qu'il aurait fallu agir avec détermination voilà déjà plusieurs années.

Co_2, MON AMOUR !

Avec 27,8 % des émissions de gaz à effet de serre (GES), les transports représentent le premier secteur émetteur national, loin devant l'industrie (17,6 %) ou encore les bâtiments (17,7 %)[1]. Et encore, cette responsabilité est largement sous-évaluée. Les bilans n'intègrent pas les rejets des vols aériens internationaux qui, par convention, sont exclus du système de

1. Source : ministère de l'Écologie.

comptabilisation. Les émissions de GES liées à la réalisation des infrastructures et équipements, à la construction des véhicules, à l'extraction et au raffinage des carburants, etc. sont quant à elles comptabilisées ailleurs (énergie, industrie). C'est pourquoi, on pourrait, sans doute, attribuer à l'ensemble du secteur des transports une écrasante responsabilité d'environ 40 % des rejets nationaux.

Depuis plus de 40 ans, l'évolution des émissions de GES du secteur des transports suit fort logiquement celle du trafic des véhicules motorisés et montre par conséquent une très nette augmentation (multiplication par 4 depuis 1960). Sans surprise, c'est la route avec son cortège de voitures et de poids lourds qui est la principale responsable (95 % des rejets du secteur). Quant aux perspectives, elles ne sont guère plus réjouissantes : à moins d'une politique de rupture, la consommation finale d'énergie du secteur des transports dans l'Union européenne à 28 devrait augmenter de 20 % entre 2005 et 2030[1]. Sans une réduction massive des émissions de GES dans ce secteur, la France et l'Europe ne respecteront pas leurs engagements climatiques[2]. D'où la féroce bataille à mener autour des nouvelles infrastructures. En effet, celles qui sont décidées aujourd'hui déterminent largement les modes de transport et les trafics de demain. En offrant des facilités de circulation, toute infrastructure induit du trafic supplémentaire, ce qui au final et sur la durée génère d'importants rejets de GES. Toute construction de route ou d'aéroport va ainsi à l'inverse de ce qui devrait être la première des priorités : la réduction de la demande de transports motorisés.

Le Grenelle de l'environnement fut à cet égard assez révélateur. Alors que la loi Grenelle 1 stipule de façon très

1. Davide Fiorello *et al.*, *The iTREN-2030 reference scenario until 2030*, 2009.

2. -3 % de rejets de GES par an en moyenne et division par 4 d'ici 2050.

ambitieuse qu'il faut réduire de 20 % les rejets de GES d'ici 2020, le projet de Schéma national des infrastructures de transports (SNIT) qui en découle affiche fièrement une liste de plus de 70 projets (dont un aéroport et plus de 1 000 kilomètres d'autoroutes). Si l'on en croit les évaluations des rédacteurs du SNIT, l'ensemble des projets permettrait de réduire nos émissions de CO_2 de 1,7 million de tonnes de CO_2 par an ($MtCO_2$) sur 50 ans. C'est peu si on compare avec l'impact d'une mesure telle que la réduction des vitesses de 10 km/h sur les routes (2 à 4 $MtCO_2$/an évitées). Difficile également de passer sous silence les nombreux biais méthodologiques qui, sans une vigilance active, passeraient inaperçus. Plusieurs problèmes se posent de manière récurrente lorsqu'il s'agit de retenir les projets : celui des critères de choix et de leur hiérarchisation/pondération et celui, plus technique, de la comptabilisation de l'équivalent carbone ($éqCO_2$) évité ou généré. Si l'on prend le bilan carbone du SNIT, force est de constater qu'il était en réalité surévalué. En effet, quelque 30 $MtCO_2$ provenant de la phase de construction des infrastructures ont été « oubliées ». Le bilan carbone, pourtant déjà peu flateur, passe ainsi de 1,7 à 1,2 $MtCO_2$/an évitées. De plus, pour chaque projet, les émissions de GES issues des trajets inférieurs à 100 kilomètres ne sont pas comptabilisées dans le bilan carbone alors que le trajet moyen effectué sur autoroute est de 60 kilomètres pour une automobile et de 74 kilomètres pour un poids lourd[1]. Il en est de même pour tous les rejets « indirects » comme ceux induits par l'étalement urbain. Sur les projets d'aéroport, les estimations de GES générées par le trafic aérien se font en « CO_2 seul » et sont minorées car elles occultent les autres gaz tels que les NOx (produits principalement par la combustion des combustibles

1. Source : Association des sociétés françaises d'autoroutes.

fossiles, ce sont des composés d'azote et d'oxygène comprenant les gaz d'acide nitrique et de dioxyde d'azote[1]) ou les contrails (« condensation trail » ou traînée de condensation) qui ont, au minimum, pour effet cumulatif de doubler l'impact sur le climat[2]. Au final, aucune cohérence, donc. À tel point que, lors de sa publication, le bilan carbone avait disparu de la version finale du SNIT.

Pour faire face à l'évidence, les promoteurs des projets se sont alors mis à imaginer toutes sortes d'opérations (tri sélectif sur les aires de repos, bornes d'appels d'urgence à énergies renouvelables...) dont l'effet sur le bilan carbone global est marginal. Dès lors, l'ultime issue pour paraître « climato-compatible » se situe dans la compensation carbone, qui, outre d'énormes problèmes de fiabilité des méthodes de comptabilisation, pose la question éthique de la financiarisation de la nature.

Après les ronds de jambe de l'ancien gouvernement autour de l'impératif climatique, force est de constater aujourd'hui que le seul critère déterminant est « financier ». La commission parlementaire Mobilité 21 qui a fait le tri dans les projets du SNIT n'a pas, à l'évidence, intégré le critère « climat » dans ses choix de futurs aménagements. Son président, le député Philippe Duron, l'a lui-même reconnu lors d'une audition au Conseil national sur la transition énergétique en juin 2013.

Redisons-le ici : les grands projets d'infrastructures sont pour la plupart, pour ne pas dire tous, incompatibles avec l'urgence climatique. L'argent dépensé serait bien plus efficace dans la lutte contre les GES, s'il était investi ailleurs : dans l'amélioration du réseau existant, notamment ferroviaire, et dans les transports

---

1. www.actu-environnement.com
2. David S. Lee et al., « Aviation and global climate change in the 21st century », *Atmospheric Environment*, n° 43, 2009.

collectifs de proximité, le vélo et la marche. Il est également important de penser plus globalement l'aménagement du et des territoires et de favoriser les politiques de lutte contre l'étalement urbain, de relocalisation des activités et de mise en place de circuits courts. La recherche de la proximité doit être systématique.

Économie des GPII : nous sommes à satiété !

Il sera surtout question ici des grands projets d'infrastructures de transports, ce qui n'exclut pas que des projets d'un autre type partagent certaines de leurs caractéristiques, et particulièrement celle, constitutive, de leur inutilité. Ces projets ont en effet en commun d'être imposés là, aujourd'hui, comme par réflexe, comme on fait depuis des décennies, alors qu'on n'en a plus besoin. L'équipement en infrastructures de transports est déjà largement suffisant et ces nouveaux projets se révèlent extrêmement coûteux par rapport au bénéfice social qu'ils apportent, peu rentables, donc chers à l'usage et injustes. Leur démesure détourne par ailleurs des ressources publiques indispensables à la transition énergétique.

Démesure

La France est un des pays les mieux dotés en infrastructures de transport. Plus d'un million de kilomètres de voies routières (dont 11 000 kilomètres d'autoroutes) et 30 000 kilomètres de voies ferrées exploitées (dont 2 000 de LGV) couvrent le territoire. Cette densité d'infrastructures rend obsolète la notion pourtant encore répandue d'enclavement. Il n'y a plus en France, mises à part quelques zones de montagne, de région enclavée au sens où le définit le Petit Robert, c'est-à-dire « isolée du reste du pays, sans voies de communication ».

Tout ce qu'apportent les nouveaux équipements aujourd'hui ce sont des gains de vitesse. Pour reprendre Ivan Illich, nous confondons à présent « bonne circulation et grande vitesse » et nous avons clairement franchi dans les transports le seuil de mutation où « l'outil, de serviteur, devient despote »[1]. Compte tenu de l'importance des équipements déjà existants, le coût de ces nouveaux km/h gagnés est en effet faramineux. Avant que la commission parlementaire Mobilité 21 ne revoie à la baisse le nombre de projets inscrits dans le dernier Schéma national des Infrastructures de Transport, celui-ci planifiait 245 milliards d'euros d'investissements à réaliser dans les 25 ans à venir, dont 140 milliards pour le développement de nouvelles infrastructures (4 000 kilomètres de LGV pour les 3/4 d'entre eux).

Il faut ramener ces chiffres à leur coût d'opportunité (le coût de ce qu'on ne fera pas) pour comprendre que par leur importance ils constituent un choix de société. Cent milliards d'euros, soit les seuls investissements prévus en LGV, ce sont 7 années et demie d'investissement de l'État français[2], près de 9 ans d'investissement dans l'éducation[3], 25 ans d'aide publique à la constitution du parc locatif social[4], 30 ans de financement de recherche publique médicale et pharmaceutique[5].

Plus simplement, peut-être, un kilomètre d'autoroute coûte environ 10 millions d'euros, le double pour un kilomètre de

1. Ivan Illitch, *La convivialité*, Paris, Le Seuil, 1973.

2. L'investissement de l'État français était de 13,427 milliards d'euros en 2010 (http://www.budget.gouv.fr/presse/dossiers_de_presse/plf2011/chiffres_cles.pdf).

3. Les dépenses d'investissement dans l'éducation représentaient 11,3 milliards d'euros en 2009 (http://www.education.gouv.fr/cid54115/cout-education-2009-evaluation-provisoire-compte.html).

4. Qui était de 4 milliards d'euros en 2008.
(http://www.statistiques.equipement.gouv.fr/IMG/pdf/Rapport_integral_internet_mars2010_corr_cle084167.pdf, p104)

5. 3,159 milliards d'euros en 2009 (http://www.sante-jeunesse-sports.gouv.fr/comptes-nationaux-de-la-sante-2009.html)

LGV. À la place de 5 kilomètres de LGV, ou de 10 kilomètres d'autoroute, on pourrait ainsi construire deux collèges ou un parc éolien permettant d'alimenter en électricité plus de 100 000 habitants[1].

Arnaque

Sur ces 140 milliards de nouveaux investissements, 70 % seraient à la charge du public, le reste étant pris en charge par le privé à travers des partenariats publics privés (PPP). Ces nouvelles formes de financement qui offrent une solution (provisoire) au surendettement public sont présentées comme une panacée. La Cour des comptes a pourtant montré à plusieurs reprises qu'elles pouvaient *in fine* se traduire par un alourdissement des coûts pour la collectivité. Comme l'illustre le cas de l'A65 qui relie Langon, en Gironde, à Pau, dans les Pyrénées-Atlantiques, elles ont également pour effet pervers de camoufler et de reporter dans le temps le risque financier pris par la collectivité.

Sur cette autoroute inaugurée en 2010, le groupe Eiffage (en partenariat avec la Sanef) s'est engagé à prendre en charge l'intégralité des coûts de construction en échange d'une concession de l'équipement d'une durée de 60 ans. Toute la classe politique locale (ou presque) s'est félicitée de ce montage financier qui épargnait en apparence les finances publiques. Ces élus faisaient cependant fi des études des services de l'État qui avaient toutes conclu à la non-rentabilité structurelle de cette infrastructure. Ils ne voulaient pas voir, surtout, la clause de déchéance (article 40 du contrat de concession) qui stipule qu'en cas d'impossibilité pour le concessionnaire de tenir son engagement, la dette qu'il a contractée retombe sur la collectivité.

1. http://www.toulousethic.fr/Un-grand-parc-eolien-construit-en.html

Cette clause n'est pas particulière à l'A65. Il en est toujours ainsi sur les projets de cette envergure où il n'est pas question de mettre la clef sous la porte en cas de faillite. La collectivité est alors toujours l'assureur en dernier ressort, celle qui, *in fine*, prend les risques.

Paris perdus

En matière de transports, il ne peut en être autrement, les seules variables permettant de rentabiliser un équipement sont le prix du péage et le trafic. La première variable étant décidée par le concessionnaire, ces paris se matérialisent dans les prévisions de trafic.

Ainsi, alors que la circulation automobile stagne depuis une dizaine d'années sur l'ensemble du territoire national, le concessionnaire de l'A65 a fondé son équilibre financier sur une prévision de doublement du trafic routier sur cette liaison de province entre 2010 et 2020. Sans surprise, les premières années d'exploitation sont un fiasco : le trafic est inférieur de 30 à 40 % aux prévisions du concessionnaire qui a déjà perdu, depuis l'inauguration, plus de 100 millions d'euros. Non loin de là est projetée la construction d'une ligne de train à grande vitesse. Ce projet repose sur une hypothèse de saturation du réseau ferré existant qui signifierait, par exemple, que le nombre de trains passant au Pays basque serait multiplié par 5 ou 6 d'ici à 2020[1]. Autre exemple édifiant, pour justifier le projet de LGV Lyon-Turin, Réseau ferré de France (RFF) prévoit un triplement du trafic de marchandises à travers les Alpes d'ici à 2035 alors que ce trafic est au même niveau aujourd'hui qu'à la fin des années 1980[2]. Quant à l'aéroport de Notre-Dame-des-

1. http://www.voiesnouvellestgv.webou.net/document/deuxieme_expertise/4expertise2.pdf

2. Manuel Domergue, « TGV Lyon-Turin : Notre-Dame-des-Alpes », *Alternatives économiques,* n° 325, juin 2013.

Landes, ses promoteurs anticipent une augmentation du trafic passager à Nantes de 3 à 8 millions d'ici à 2050.

Ces acrobaties prévisionnelles témoignent d'un déni de réalité. Les projets rentables d'autoroutes, de LGV et d'aéroports ont déjà été construits. Nous sommes à satiété, et ces projets fondés sur le pari que la mobilité est sans limite seront autant de paris perdus qui alourdiront les dettes publiques, sans générer les miracles économiques escomptés.

Mythologies

Les grands travaux dans les infrastructures de transports tiennent une place importante dans notre imaginaire économique. Le développement des voies ferrées, des autoroutes puis des aéroports a marqué notre histoire économique et sociale. On se souvient encore dans nombre de villages de la construction des premières routes sur les chemins vicinaux et on ne peut comprendre l'adhésion encore importante de la population à ces projets sans avoir en tête la relation quasi mythologique qui est faite entre routes et développement économique.

La réalité est pourtant différente aujourd'hui. Dans un pays aussi richement équipé que le nôtre, les nouveaux équipements de transports n'apportent ni croissance nationale ni développement économique local.

Depuis les écrits de l'économiste anglais John Maynard Keynes et le New Deal de Roosevelt, l'idée de l'utilité des grands travaux dans la lutte contre les crises économiques est bien ancrée dans l'inconscient collectif économique : les grands travaux créent de l'activité et des emplois directs sur les chantiers, qui, par diffusion, irriguent positivement l'ensemble de l'économie ; voilà pour l'idée générale.

Cependant, l'important ici n'est pas la construction d'infrastructures mais l'usage de fonds publics pour soutenir l'activité, des fonds qui pourraient être utilement dépensés ailleurs, avec des effets sur l'emploi bien supérieurs – dans l'isolation de logements anciens par exemple.

Il est également souvent attendu de ces infrastructures qu'elles augmentent, en facilitant les échanges, le potentiel de croissance des pays. Mais des travaux de recherche récents montrent que, si cela a été vrai, ça ne l'est plus : « Les décideurs politiques fondent de grands espoirs dans les infrastructures de transport, qu'ils considèrent comme un moteur de développement économique (...). En définitive, la littérature économique est, comme souvent, plus nuancée sur l'impact réel des dépenses d'infrastructure. Si ces dernières ont bel et bien un effet positif, cet effet résulte pour l'essentiel des premiers investissements qui établissent le réseau, et non des extensions et/ou des aménagements effectués à un stade plus avancé »[1]. Autrement dit, une fois encore, nous sommes suffisamment équipés.

Il existe aussi une idée fortement répandue selon laquelle, par une forme de génération spontanée, les entreprises sortiraient du sol des territoires nouvellement traversés par des autoroutes ou des LGV. De nombreuses études montrent cependant que « le développement socio-économique par les infrastructures relève plus du slogan que de la réalité »[2]. Tout ce qu'on observe, c'est que les gains de temps générés par ces équipements ont tendance à polariser l'activité économique dans les grands centres urbains et à accentuer la concurrence entre territoires.

C'est certainement là un effet recherché, mais organiser le territoire et orienter l'action publique (et ses financements) à la

1. Mirien Lafourcade, Thierry Mayer, « Des routes pavées de bonnes intentions », CEDD, *Références économiques,* n° 9, 2009.

2. Dominique Dron, Michel Cohen de Lara (Cellule de prospective et stratégie), *Pour une politique soutenable des transports, Rapport au gouvernement* (1e édition en 1995), La Documentation française, 2000.

seule faveur de grands pôles de compétitivité aggrave les fractures de notre société : entre travailleurs qualifiés et mobiles et les autres, entre urbains et ruraux (ou périurbains), entre gagnants et perdants de la mondialisation, entre ceux pouvant faire Paris-Biarritz en trois heures pour passer le week-end au bord de la mer et ceux qui ont des difficultés à remplir le réservoir de leur automobile pour se rendre tous les jours au travail (ou ceux qui utilisent au quotidien des transports ferroviaires de proximité dont la fiabilité se dégrade).

Injustices

Il y a quelques temps, sur les murs du grand Sud-Ouest, des affiches vantaient les mérites du projet de nouvelles lignes à grande vitesse Grand Projet Ferroviaire du Sud-Ouest (GPSO) : « Avec les LGV vous pourrez aller travailler plus facilement, partir en week-end au bord de la mer et voir votre famille plus souvent ». Mais ces perspectives réjouissantes ne s'adressent qu'à une partie de la population ayant les moyens de se payer ces services. Reposant sur un équilibre économique précaire, voire introuvable, ces nouvelles infrastructures sont en effet très chères pour l'usager.

Les tarifs du train augmentent systématiquement et dans des proportions élevées, lorsqu'une LGV remplace les anciennes voies : de 20 à 47 % en 2e classe, et de 44 % en 1er classe pour le TGV Est par exemple, par rapport à l'ancienne liaison en train Corail[1]. Les dernières autoroutes construites sont également les plus chères. Il en coûte par exemple 21,60 euros à un automobiliste souhaitant emprunter les 150 kilomètres de l'autoroute A65.

On observe ainsi sans surprise que les usages de ces transports sont socialement très marqués. Les usagers du TGV sont en

1. *L'Est républicain*, 7 février 2007.

effet en majorité issus de ménages dont la personne de référence est cadre ou de profession intermédiaire. Ils représentent 56 % des déplacements réalisés avec ce type de train (et 28 % de la population totale) contre 15,4 % pour les ménages d'employés et d'ouvriers (dont la part dans la population totale est de 31 %). À l'inverse, les autres trains apparaissent davantage comme des trains d'ouvriers et d'employés[1].

Le financement public de ces équipements se traduit ainsi par une subvention au mode de vie des plus aisés, au détriment du quotidien des plus pauvres qui auraient besoin, notamment pour réduire leur facture énergétique, de transports de proximité adaptés et bon marché.

Ni ici, ni ailleurs !

L'attaque se veut précise, définitive, quasi chirurgicale. L'opposition aux grands travaux inutiles ne reposerait que sur le désir « honteux » de préserver le cadre de vie de quelques riverains, opposition qui disparaîtrait avec le déplacement chez le voisin du projet incriminé. Cette attitude a même un nom : nimby (not in my backyard, « pas dans mon jardin »…), cinq lettres censées démontrer le caractère profondément égoïste des activistes locaux.

Le slogan « Ni ici, ni ailleurs » repris par ces derniers indique pourtant bien la volonté de lutter contre la création d'infrastructures inutiles, que ce soit ici ou à l'autre bout de la planète. En effet, au-delà de l'infrastructure en elle-même, au-delà des déplacements des populations locales, c'est un

1. Les chiffres sont issus de la dernière « Enquête nationale transport et développement » conduite par le ministère de l'Écologie, de l'Énergie, du Développement durable et de la Mer, l'Institut national de la statistique et des études économiques et l'Institut national de recherche sur les transports et leur sécurité. Pour plus de détails, voir http://blogs.mediapart.fr/blog/julien-milanesi/080211/qui-utilise-le-tgv.

système dans son ensemble qui est contesté. Ici et ailleurs, locale et globale, la lutte s'incarne dans un territoire mais se diffuse partout.

C'est l'une des raisons expliquant l'éclosion de « zones à défendre » (ZAD) et autres camps-climat. L'opposition aux grands projets inutiles est *glocale*, reposant sur l'invite formulée par Jacques Ellul à « penser globalement et agir localement ». La critique du système qui nous a conduits aux crises actuelles (économique, écologique, sanitaire et sociale) est ainsi cohérente dans le temps et dans l'espace.

Les collectifs, associations, mouvements locaux créés au fil du temps contre l'un ou l'autre de ces projets sont donc, selon le principe de la convergence des luttes, en lien les uns avec les autres afin de dénoncer ce modèle consumériste, climaticide et énergivore. Il n'y pas d'égoïsme au sens où chaque lutte, chaque opposant a une conscience aiguë de l'unicité du monde et de la diversité des mobilisations.

Au modèle destructeur et centralisé défendu par certains décideurs, ils opposent des contestations créatives qui ne se laissent pas emprisonner dans un carcan asphyxiant.

Ici et ailleurs, les vieilles recettes d'un productivisme déclinant produisent les mêmes catastrophes écologiques et sociales : déplacement de populations locales, artificialisation des terres agricoles, pollution des cours d'eau, destruction de la nature qu'on recrée de manière artificielle, destruction d'emplois... cela est vrai qu'on se trouve en Asie, en Europe, en Amérique latine...

Les grands projets inutiles illustrent parfaitement les limites d'un système économique et politique en guerre avec le vivant sous toutes ses formes. L'idée d'une croissance illimitée bute sur les limites de l'écosphère. Promoteurs zélés de l'ordre productiviste, responsables politiques et décideurs économiques n'arrivent pas à faire leur deuil d'une croissance destructrice.

Faute d'imagination, embourbés dans un conservatisme idéologique, ils usent et abusent de leur position dominante pour imposer des projets contestables… et contestés !

Ici, demain ; partout… tout le temps !

… CONTINUONS LE COMBAT !

Des projets comme s'il en pleuvait...

Les projets inutiles sont aussi nombreux que ces élus prêts à marquer l'histoire de leur empreinte indélébile et dont la mégalomanie n'a d'égale que leur soif de pouvoir. Dans les pages qui suivent, 31 projets sont décrits. De la genèse du projet aux impacts écologiques, sociaux, économiques en passant par une description du maître d'ouvrage et des mobilisations accompagnant le plus souvent ces projets contestés. Ces 31 projets reflètent les multiples luttes que l'on retrouve localement. Nous ne prétendons pas, avec cette troisième édition du petit livre des grands projets inutiles, à l'exhaustivité. Par dizaines, des mobilisations ont éclos ces dernières années. Elles sont la preuve vivante de la vitalité et de l'engagement d'une part grandissante de la société, prête à agir pour l'environnement.

Incinérateur d'Ivry

La reconstruction de l'incinérateur d'Ivry-Paris XIII est en projet depuis 2004. Construit en 1969, il a été longtemps le plus gros d'Europe avec ses 700 000 tonnes de déchets incinérés. Mis aux normes en 2005, il n'en contribue pas moins hier comme aujourd'hui à la pollution de l'air en région parisienne.

Le maître d'ouvrage du projet de reconstruction, le Syctom, est un syndicat rassemblant 84 communes de Paris et de l'Île-de-France, un mastodonte européen du traitement des déchets, avec ses 6 centres de tri et ses 3 gros incinérateurs. C'est le champion de l'incinération : 79 % des 2,3 millions de tonnes de déchets sont incinérés, et par voie de conséquence, un taux dérisoire de recyclage : 16 %.

C'est sur le site actuel de l'incinérateur, au cœur des nouveaux quartiers d'Ivry et des futures tours du 13e arrondissement de Paris, que le Syctom a prévu de reconstruire deux usines de traitement des déchets : une usine d'incinération accompagnée d'un tri mécano-biologique avec méthanisation (TMB-méthanisation), qui prétend séparer dans la poubelle en mélange, les biodéchets des déchets « secs » (plastiques, cartons...), et les valoriser en « compost » et en bio-gaz.

Le futur incinérateur devrait traiter 350 000 tonnes de déchets au lieu des 700 000 tonnes actuelles ; mais la diminution est trompeuse, car une fois les déchets fermentescibles et humides extraits par le TMB, les déchets restants sont séchés et compactés pour l'incinération, et pèsent donc beaucoup moins lourd.

Quant aux usines de TMB-méthanisation en activité en France, elles ont des bilans économiques et écologiques catastrophiques : le « compost » produit est le plus souvent pollué par des « indésirables » (débris de plastiques, de verre, toxiques ménagers, métaux lourds) qui le rendent impropre à une utilisation agricole, d'ailleurs interdite dans les autres pays européens. Ce compost qui peine à atteindre la norme française pourtant peu exigeante, termine le plus souvent en décharge ou en incinération, augmentant d'autant le prix de la gestion des déchets pour les habitants.

De plus, le procédé est dangereux. À Fos-sur-Mer en novembre 2013, on a frôlé la catastrophe ; le TMB de l'usine d'incinération a entièrement brûlé et Urbaser, son exploitant, réclame maintenant 273 millions d'euros à la communauté urbaine de Marseille, qui viendraient s'ajouter aux 283 millions du coût initial. Il crée de plus des nuisances insupportables pour les riverains à plusieurs kilomètres à la ronde (odeurs de putréfaction, mouches), comme cela se vérifie à Montpellier et à Angers un jour sur deux.

L'usine de TMB-méthanisation prévue à Ivry serait la plus grosse d'Europe (310 000 tonnes) mais également la seule implantée dans un centre urbain dense, appelé encore à se densifier dans un avenir très proche.

Alors que le Syctom a été forcé de renoncer à son projet d'usine de TMB-méthanisation à Romainville, grâce à l'action de l'association Arivem, c'est pourtant l'ensemble du marché de reconstruction de l'usine d'Ivry-Paris XIII qui a été voté par 65 des 68 élus du Syctom en octobre 2014, et attribué à une filiale de Suez-Environnement pour 2 milliards d'euros TTC, du jamais vu pour des usines de ce type : 962 millions HT pour la construction des deux usines et 838 millions d'euros HT pour leur exploitation pendant 23 ans.

Le Collectif 3R (Réduire, Réutiliser, Recycler) conteste la validité de ce double projet depuis 2009, date du débat public que le Syctom a été contraint d'organiser en raison du coût annoncé du projet. Les associations qui ont formé en 2010 le Collectif 3R se sont retrouvées face à un maître d'ouvrage arrogant, qui présentait un projet « ficelé », dont les alternatives étaient des leurres, et les réunions publiques peu médiatisées.

Vint ensuite une période de concertation dont les enjeux étaient réduits à des modifications « à la marge ». Lorsque les associations ont présenté un scénario alternatif, le Syctom a refusé de discuter cette proposition, pourtant produite par un bureau d'études spécialisé, fermant la porte à tout dialogue, et les forçant à la démission de « l'espace de la concertation ».

Aujourd'hui, compte tenu de la baisse régulière du tonnage des déchets à traiter sur le territoire du Syctom depuis 2004, des progrès du tri sélectif et des perspectives de la collecte séparée des biodéchets, qui représentent 30 à 40 % de notre poubelle, le projet du Syctom est non seulement un gouffre financier pour les communes, mais aussi un projet obsolète, inutile et dangereux.

L'argent public doit être employé pour des alternatives au TMB-méthanisation et à l'incinération, fausses solutions de traitement qui ne profitent qu'aux industriels du déchet et qui contribuent à la raréfaction des ressources et au changement climatique. Ces alternatives, et notamment des usines de tri performantes capables de valoriser tous les plastiques et les collectes sélectives, pourraient être installées à Ivry-Paris XIII, si le projet tenait compte des évolutions et des retours d'expérience.

Les capacités d'incinération en Île-de-France sont largement suffisantes[1] pour traiter l'ensemble des déchets résiduels pour peu que le Syctom mutualise les installations et applique la collecte séparée des biodéchets, en commençant par les gros producteurs (écoles, cantines, restaurants, hôpitaux, marchés), comme le demande la loi Grenelle II.

Les outils législatifs existent, les expériences enthousiasmantes aussi, en France, en Italie et en Espagne, où des régions, des villes pratiquent la collecte des biodéchets en porte à porte, et appliquent la redevance incitative, puissant levier pour la diminution des déchets ménagers, afin de parvenir à une politique « zéro déchet ».

Nous avons aujourd'hui en Île-de-France, une chance historique de diminuer des capacités d'incinération archaïques, selon les scénarios souhaités par le Plan régional d'élimination

1. Le Collectif 3R élabore en ce moment un nouveau « scénario alternatif » qui se base sur le respect de la réglementation (plan régional, loi Grenelle, future loi sur la transition énergétique...) et sur les études même du Syctom. À retrouver sur notre blog collectif3R.blogspot.com. L'usine d'Ivry-Paris XIII a par ailleurs fait l'objet d'un remplacement de ses fours pour 80 millions d'euros en 2011 et 2012, lui permettant de fonctionner encore de nombreuses années.

des déchets ménagers et la loi Grenelle. Ne manque que la volonté politique pour mettre sur pied des pratiques qui privilégient la réduction des déchets, la réutilisation, et le tri-recyclage, les fameux 3R.

Pour aller plus loin :

• Blog du Collectif 3R : http://www.collectif3r.blogspot.fr

• Étude sur les aléas des usines de TMB-méthanisation en Europe (Arivem et autres associations), site d'Arivem : arivem.free.fr et notamment http://arivem.free.fr/crbst_60.html

• Le premier scénario alternatif du Collectif 3R datant de 2010, financé grâce à une subvention de la Fondation pour une terre humaine : https://drive.google.com/file/d/0B_bgBW25wNeiNjk3ck9sOVo2aU0/view

• Le site de Zero Waste France : https//www.zerowastefrance.org/fr/la-demarche-zero-waste

Hyperincinérateur d'Échillais (17)

La préfète de la Charente-Maritime a approuvé par arrêté préfectoral du 27 septembre 2013 un plan de prévention et de gestion des déchets non dangereux (PPGDND), prévoyant la construction d'une nouvelle unité d'incinération d'ordures ménagères (UIOM) par le Syndicat intercommunal du Littoral (SIL). Le SIL regroupe plusieurs établissements publics de coopération intercommunale représentant 97 communes comptant environ 200 000 habitants. Son territoire représente près du tiers du département de la Charente-Maritime. Ce syndicat est en charge de la gestion des déchets ménagers résiduels, via plusieurs installations qui lui permettent de traiter 65 % des déchets ménagers de son territoire, notamment une usine d'incinération avec valorisation d'énergie et une unité de compostage de déchets verts, situées à Échillais et une usine d'incinération située à Saint-Pierre-d'Oléron.

Depuis 2007 le SIL a mené plusieurs recherches sur « une solution unique pour traiter et valoriser les déchets ménagers dans un souci de performance technique, environnementale et économique »[1]. La solution retenue prévoit l'arrêt et le remplacement des usines d'incinération existantes par un nouveau centre multifilières, construit sur le site d'Échillais. Ce projet, intitulé Centre multi filières de valorisation des déchets ménagers (CVDM), repose sur plusieurs activités : le traitement des déchets ménagers par voie de tri mécano-biologique (TMB)[2], l'alimentation du réseau de chaleur de la base aérienne 721 située à proximité du site, la production d'électricité, ou encore la valorisation de mâchefers[3] normés pour une utilisation en sous-couche routière.

Tous les déchets produits sur le territoire du SIL seront désormais acheminés vers ce nouveau centre.

En juin 2012, le marché pour la conception, la réalisation et la mise en service du centre de valorisation a été attribué à un groupement d'entreprises (Vinci-Environnement, Sogea et GVD Architectes). Le dossier de demande d'autorisation d'exploiter a été déposé auprès des services de l'État au printemps 2013, et a été soumis à enquête publique qui s'est déroulée du 6 janvier 2014 au 7 février 2014 inclus. Finalement, le projet de CVDM a été autorisé par arrêté du 15 octobre 2014[4].

Jamais la convention d'Aarhus (et la directive 2003/35/CE), prévoyant la participation du public « quand toutes les options

1. Extrait du site du SIL, www.sil-dechets.fr
2. Production de compost issu du broyage des ordures ménagères résiduelles.
3. Résidus issus de l'incinération des ordures ménagères et constitués en grande majorité de matériaux incombustibles.
4. Arrêté préfectoral n° 14-2535 du 15 octobre 2014 autorisant le SIL à exploiter des installations de traitement de déchets sur le territoire de la commune d'Échillais.

sont envisageables », n'aura été respectée. Ce projet a fait l'objet d'une plainte auprès de la commission européenne.

Le coût estimé de ce projet est de 83 millions d'euros. Le coût réel dépassera certainement les 100 millions d'euros.

Les impacts écologiques de l'incinération et du TMB sont nombreux. Incinérer, c'est disperser nos déchets dans l'atmosphère. Pire, c'est multiplier par sept la masse de nos déchets ! Une tonne de déchets brûlés nécessite 6 tonnes d'air et produit, selon la loi de Lavoisier, 7 tonnes de gaz, particules fines et cendres extrêmement toxiques appelées mâchefers.

Ainsi le futur centre pourra rejeter chaque année jusqu'à 257 tonnes de composés organiques volatils (véritable cocktail chimique), 183 tonnes d'oxydes d'azote, 10 tonnes de particules fines, 460 kilogrammnes de métaux lourds, 46 kilogrammnes de mercure, 46 kilogrammnes de cadmium… Chaque tonne incinérée rejettera une tonne de dioxyde de carbone participant de ce fait à l'augmentation de l'effet de serre.

La zone impactée par le projet sera principalement le bassin versant de l'estuaire de la Charente, alimentant le bassin ostréicole de Marennes Oléron.

En ce qui concerne l'impact sanitaire, une étude espagnole de 2013[1] montre une augmentation des cancers dans un rayon de 20 kilomètres autour des incinérateurs. Les particules fines contribuent elles aussi à une surmortalité (estimée à 2900 personnes par an dans une étude publiée en janvier 2015 par l'institut de veille sanitaire).

Sur le plan écologique, ce projet prévoit d'acheminer tous les déchets y compris les biodéchets vers ce futur centre « multifilières ». Cela va à l'encontre du traitement des biodéchets (38 % de nos poubelles) à proximité de leurs sources

1. Garcia-Perez J. *et al*, « Cancer mortality in towns in the vicinity of incinerators and installations for the recovery or disposal of hasardous waste », *Environnement International*, n° 51, 2013.

de production. Le bilan carbone et économique du transport inutile de ces biodéchets est calamiteux et ne s'inscrit pas dans la logique du développement durable.

Le TMB produit un compost fabriqué à partir du broyage de poubelles. L'épandage de ce compost pollué par des plastiques, des résidus de poubelles est interdit dans de nombreux pays. Il est autorisé en France : polluons nos campagnes et considérons nos champs comme des décharges surfaciques à ciel ouvert ! Le SIL nous garantit que ce compost est normé ! En fait, ce compost dont les débouchés sont improbables représente une manne financière importante dans la mesure où il servira de combustible afin de vendre la chaleur produite. Rappelons que cinq tonnes de déchets sont équivalentes à une tonne de pétrole. Voilà pourquoi le SIL rechigne à détourner de l'incinération les biodéchets, représentant 38 % du combustible de la centrale thermique qu'il souhaite exploiter.

De plus, un projet de serres à tomates de 40 hectares, couplées à l'incinérateur, viendra polluer visuellement et chimiquement par ses rejets le site classé Natura 2000. Les maraichers locaux seront impactés par la concurrence de cette production industrielle.

La population s'est montrée farouchement opposée à ce projet lors de l'enquête publique qui ne permet pas au public de participer au processus décisionnel au sens où l'entend la directive 2003/35/CE. La ministre de l'Écologie s'est opposée à ce projet. Le commissaire enquêteur a fait abstraction totale des voix exprimées en donnant un avis favorable sans aucune réserve. La préfète, ex-assistante parlementaire de Dominique Bussereau (UMP), président actuel du conseil départemental de Charente-Maritime et défenseur du projet, Hervé Blanché maire UMP de Rochefort et président de la communauté d'agglomération de Rochefort forment avec le SIL un équipage sourd aux considérations écologiques défendues par de nombreuses associations.

L'alternative est la mise en place d'une politique « zéro déchet » comme à Los Angeles ou à Milan… Elle repose sur la collecte séparée des biodéchets, la tarification incitative, l'investissement dans un centre de tri performant, la prévention des déchets…

La problématique du SIL sur notre territoire est plus de convertir nos déchets en chaleur que de trouver une solution durable au traitement de nos déchets. D'ailleurs, le SIL en fera sa devise en l'inscrivant sur le frontispice de son futur incinérateur : « Ici vos déchets sont énergie ». Malheureusement, une fois un tel projet réalisé, il doit être alimenté en continu, dissuadant les reponsables politiques de mener à bien une politique de prévention limitant la quantité de déchets.

Pour aller plus loin :

- https://www.zerowastefrance.org/fr
- http://www.pays-rochefortais-alert.org

Centre de stockage de déchets ultimes de Nonant-le-Pin (61)

L'industriel GDE (Guy Dauphin Environnement) a déposé une demande d'exploitation d'un centre de stockage de déchets ultimes qui recevrait chaque année 90 000 tonnes de résidus de broyage automobile (RBA) et 60 000 tonnes de déchets industriels banals (DIB), soit un total de 150 000 tonnes par an et pendant 17 ans. La masse totale de déchets stockés serait donc de 2,55 millions de tonnes, répartis dans 17 alvéoles de 30 mètres de haut.

Non seulement ce centre ne répond pas aux besoins de stockage de la collectivité, mais il va contraindre de nombreuses activités d'élevage et rurales aux alentours à fermer. Le site retenu par GDE à Nonant-le-Pin se trouve en effet au cœur des terres d'élevage les plus prestigieuses de France. Dans un rayon de 20 kilomètres, 160 haras et élevages seront directement exposés à la pollution de l'air, des terres et des cours d'eau émanant de l'exploitation d'un tel centre de stockage.

Selon une étude d'impact[1], les coûts pour la collectivité (impact sur la santé, l'économie, les infrastructures, le tourisme, etc.) seront très supérieurs aux bénéficies envisagés par GDE. En effet, ce projet pourrait coûter jusqu'à 1,2 milliard d'euros au département de l'Orne pour un bénéfice qui ne dépasserait pas 16 millions d'euros. Le bilan sur l'emploi est tout aussi désastreux : les 12 recrutements promis par GDE pourraient faire disparaître plus de 110 emplois directs, sans compter les effets sur les emplois indirects.

Alors que le gouvernement a tous les éléments pour suspendre l'autorisation d'exploiter un centre de déchets accordée à GDE, conformément à l'article 514-7 du Code de l'environnement, les responsables politiques se réfugient derrière « l'autorité de la chose jugée » pour justifier leur immobilisme.

Les citoyens sont obligés de se battre seuls contre une administration toute-puissante qui a abandonné sa mission de contrôle et de service de l'intérêt public.

Dans le cas de Nonant-le-Pin, ce projet qui avait été rejeté par l'enquête publique et le préfet de l'époque, Bertrand Maréchaux, a bénéficié d'une autorisation du tribunal administratif. Non seulement il est rarissime que le tribunal administratif octroie une telle autorisation, mais il est encore plus exceptionnel que le ministère de l'Écologie interdise au préfet de faire appel d'une décision qui lui donnait tort. Et c'est en partie grâce à la

1 Cette étude qui a été remise à l'ensemble des services de l'État (préfet, ministère de l'Écologie…) n'a jamais été contestée : http://www.sauvegardedesterresdelevage.com/site/wpcontent/uploads/2012/11/Synthese_etude_impact.pdf

configuration inédite de l'obtention de cette autorisation que GDE a pu bloquer toute contestation auprès des tribunaux.

Même le préfet de l'Orne, le président du conseil général et le ministère de l'Écologie qui auraient dû agir au vu des irrégularités relevées sur le site de GDE, se parent de « l'autorité de la chose jugée » ou à juger, pour s'abstenir d'agir.

Pourtant tous les éléments de ce dossier conduisent à comprendre l'inutilité et la dangerosité de ce projet pour la collectivité publique, comme l'avaient compris en son temps le commissaire enquêteur et le préfet.

Comme le souligne José Bové, eurodéputé EELV, « alors que la directive européenne sur les décharges est en train de subir une profonde révision…, il paraît aberrant de poursuivre la construction de nouvelles installations qui sitôt ouvertes seraient désuètes ».

Ce projet ne servira donc que les intérêts du propriétaire de GDE, Claude Dauphin, multimilliardaire et exilé fiscal en Suisse, et les bénéficiaires des généreux sponsorings sportifs de GDE (Football club de Valenciennes, Gucci Paris Master…).

Les associations regroupant la population et les professionnels de l'élevage, Nonant Environnement et Sauvegarde des terres d'élevage ont réussi à fédérer autour de ce combat. Une belle solidarité est née chez les professionnels du cheval, ce qui permet de financer les actions nécessaires pour faire éclater la vérité.

Aujourd'hui, nous disposons d'un édifice judiciaire qui risque bien de faire vaciller « l'autorité de la chose jugée » :

• L'expertise hydrogéologique doit démontrer si l'étude d'impact de GDE était sincère. En jeu la capacité du sol à isoler la nappe phréatique de la pollution.

• Des plaintes au pénal pourraient déboucher sur une annulation de l'autorisation d'exploiter.

• Un étalonnage de la qualité de l'air, de l'eau et de la terre permettra d'engager la responsabilité de GDE et de lui demander des indemnisations.

Sans oublier la récente ordonnance du tribunal de grande instance de Paris qui vient de révéler que GDE savait depuis l'été 2013 que son site était inexploitable.

En conclusion, comme le disait Bartabas, « parce que notre classe politique mise sur le pourrissement du dossier et l'essoufflement de la population, qui se défend seule contre l'industriel et l'État, cette affaire met en lumière sa propre faillite ». Et les conséquences de cette faillite sont un peu plus visibles à chaque nouvelle élection. Si nos responsables politiques s'interrogeaient sérieusement sur les raisons de la perte de confiance de la population, l'affaire de GDE à Nonant-le-Pin serait réglée depuis bien longtemps.

Pour aller plus loin :

- Non à la décharge de Nonant-le-Pin : http://www.sauvegardedesterresdelevage.com
- https://www.facebook.com/gdenonant

Mines d'or (23)

Le projet d'exploitation minière a démarré en novembre 2013, avec l'octroi du permis exclusif de recherches minières (or, argent, zinc, cuivre, tungstène, étain, antimoine et substances connexes) dit permis de Villeranges, à la société Cominor La Mancha. Le périmètre du permis concerne 47 km^2, soit 7 communes creusoises : Auge, Bord-Saint-Georges, Chambon-sur-Voueize, Lépaud, Lussat, Tardes et Sannat.

La société Cominor La Mancha est détenue par un fonds d'investissement égyptien (Weather II Investments), le siège social est au Canada, et les fonds au Luxembourg. Cette société exploite des mines en Australie, en Côte d'Ivoire et au Soudan.

La communication des miniers repose sur un discours

minimaliste sur les travaux de recherches et met constamment en doute l'ouverture d'une mine. Quand elle est envisagée, elle est présentée comme une mine propre, utilisant des nouvelles techniques. Il s'agit là d'un mensonge puisque les techniques d'extraction n'ont pas évolué depuis 50 ans, et utilisent toujours du cyanure.

Rappelons que Cominor La Mancha reprend un projet de Total Compagnie Minière France qui avait obtenu trois permis exclusifs de recherches et exploré les gisements pendant 9 ans à Lussat ! Cette découverte par Total de 30 tonnes d'or dans la vallée de la Voueize avait abouti en 1989 à une demande de concession dont le contenu fait froid dans le dos : mines à ciel ouvert et construction d'une usine de cyanuration au bord de la Voueize à Lussat. Une usine qui, par souci de rentabilité, nécessitait l'exploitation de tous les gisements du nord de la Creuse !

Confortablement assise sur la connaissance des gisements, après une phase de travaux de surface et une phase de travaux de forage, la société Cominor pourra présenter ses résultats au ministère de l'Industrie pour demander une concession. Ce scénario aboutirait à l'exploitation rapide des gisements, en 2016 ou 2019 !

Ce remake des années 1980 a un goût amer pour les habitants de Lussat et les agriculteurs, à l'heure où la commune s'est mise au « vert » en soutenant largement le développement du tourisme lié à la zone Natura 2000 de l'étang des Landes, situé à 2 kilomètres du périmètre du permis, classé réserve naturelle. Rappelons aussi que le site constitue la réserve en eau potable de 18 communes et que placer une usine et une mine à cet endroit condamnerait la ressource en eau potable déjà fragilisée par la présence d'arsenic. La station conçue pour la dépollution de cette eau a déjà bien du mal à se rapprocher des limites de potabilité (10 µg par litre).

Alors pourquoi faire courir le risque d'empoisonnement aux métaux lourds à la seule nappe phréatique du département ? Pourquoi sacrifier la vallée de la Voueize, zone humide classée ZNIEFF 2[1] ? Pourquoi la population devrait-elle faire confiance aux industriels qui arrivent la bouche en cœur, prétendant exploiter les mines proprement ?

Afin de vous éclairer sur les philanthropes qui viennent développer notre territoire, précisons que deux d'entre eux sont des vieux routards des mines : messieurs Dominique Delorme et Sébastien de Montessus. Leur dernier exploit a été réalisé lorsqu'ils travaillaient pour Areva et qu'ils ont été chargés d'évaluer la ressource minière de la société Uramin. Bilan de l'opération du rachat d'Uramin : zéro ressource en uranium, 2 milliards de pertes pour Areva (détenue à plus de 80 % par l'État), les Français payeront la note ! En attendant, la justice est saisie... Dans ce contexte la population et des élus de tous bords (conseil général et régional, mairies de Lussat, Chambon, Sannat...) s'opposent à ce projet de mines. Ce projet inutile ruinerait tous les efforts qui sont faits chaque jour pour valoriser le territoire. Les opposants à ce projet contesté attendent du préfet qu'il arrête cette mascarade et qu'il prenne enfin ses responsabilités afin de protéger les habitants et leur environnement.

La relance de l'exploitation minière en quelques dates

En 2012, Arnaud Montebourg, ministre du Redressement

1. Lancé en 1982, l'inventaire des Zones naturelles d'intérêt écologique faunistique et floristique (ZNIEFF) a pour objectif d'identifier et de décrire des secteurs présentant de fortes capacités biologiques et un bon état de conservation. On distingue 2 types de ZNIEFF :
- les ZNIEFF de type I : secteurs de grand intérêt biologique ou écologique ;
- les ZNIEFF de type II : grands ensembles naturels riches et peu modifiés, offrant des potentialités biologiques importantes.

productif, annonce la reprise de l'exploitation minière en métropole. Dix permis miniers sont étudiés sur près de 2 200 km ! Quatre permis ont déjà été accordés dont le PER de Tennie (Sarthe et Mayenne), le PER de Merléac (Côtes-d'Armor), celui de Silfiac (Côtes-d'Armor et Morbihan) et celui de Villeranges (Creuse).

En 2014, la Compagnie nationale des mines de France (CMF) renaît de ses cendres afin de mieux collaborer avec les multinationales et accélérer le pillage des ressources, en Guyane notamment.

En 2015, le code minier est réformé par ordonnance, aucun débat parlementaire, du sur-mesure pour les miniers ! Mine de rien… la résistance à l'extractivisme se structure et s'amplifie. Ni ici, ni ailleurs, le redressement productif ne peut être un bégaiement sans fin d'une histoire dépassée !

Pour aller plus loin :

Contre les mines d'or et la cyanuration en Europe :

- http://alternatives-projetsminiers.org
- http://www.stopmines23.fr
- http://www.aldeah.org/fr

Carrière de sable coquillier (29)

Une demande de concession minière et d'autorisation de travaux pour l'extraction des sables coquilliers calcaires marins de la Pointe d'Armor en baie de Lannion est déposée en 2010 auprès du ministre de l'Économie. La dune sous-marine convoitée culmine à 30 mètres de profondeur, couvrant 15 km^2, avec des sables accumulés sur 20 mètres depuis plusieurs milliers d'années.

La demande initiale portait sur 400 000 m^3/an pendant 20 ans. En 2015, le permis est accordé pour 15 ans à raison de 300 000 m^3 pendant trois ans, puis 250 000 m^3/an.

Le motif invoqué est le besoin de sable coquillier (fragments de coquilles de coquillages) comme amendement calcaire agricole, pour compenser l'acidité des sols, en remplacement du maërl atlantique (constitué de débris d'algues marines), désormais protégé par la législation européenne.

Le projet est porté par la Compagnie armoricaine de navigation (CAN) qui exploite déjà les gisements de la Horaine (Bréat) et des Duons (Morlaix). Ses deux navires sabliers peuvent opérer jusqu'à 35 mètres de profondeur, ce qui les exclut de toute extraction plus au large à des profondeurs plus importantes, comme le font déjà ses concurrents.

Elle est une filiale du puissant groupe industriel breton Roullier (7 000 collaborateurs, 3 milliards d'euros de chiffre d'affaires en 2013) qui s'est développé depuis sa création en 1959 en exploitant le maërl pour fabriquer des produits de traitement de l'eau, d'alimentation animale et de nutrition végétale. Depuis l'interdiction d'extraction du maërl, le sable coquillier devient un substitut vital pour l'activité de l'entreprise

La dune hydraulique est située à 7 kilomètres de Trébeurden, à moins d'un kilomètre de deux zones Natura 2000, près de la Réserve naturelle des Sept-Îles, sanctuaire ornithologique. Elle constitue un site de frayère et d'habitat privilégié pour les lançons, base de la chaîne alimentaire de la faune marine : oiseaux (macareux, cormoran, fou de Bassan, puffin des Baléares), mammifères (phoque gris, marsouin), plus gros poissons (lieu jaune, bar, barbue, turbot). Cet écosystème marin sera détruit par les opérations de pompage. Pour obtenir un m^3 de sable, il faut aspirer, puis rejeter 12 m^3 d'eau, ce qui augmente la quantité de particules en suspension et absorbe la lumière : l'aspiration asphyxie la microfaune et fait fuir les poissons, les rejets d'eau dispersent des particules fines qui, au gré des vents et des courants, se déposent sur les fonds rocheux voisins, bloquant la photosynthèse nécessaire à la survie des laminaires et de la faune associée. La vie marine serait affectée aussi par le bruit et la lumière artificielle.

Le trait de côte serait également affaibli : les souilles creusées se comblent avec des apports du sable des plages, l'abaissement de la dune réduit la défense naturelle contre la houle et les vagues des tempêtes.

Pour toutes ces raisons, le projet menace la pérennité des activités économiques locales : pêche professionnelle, nautisme et tourisme (exploration sous-marine, pêche amateur, plaisance, plage).

Lors de l'enquête publique en 2010, les observations recueillies sont en grande majorité négatives (pêcheurs professionnels, associations environnementales, élus, particuliers), les seuls avis positifs émanent de la filière agricole ! Malgré le déficit d'informations sur l'état initial du milieu susceptible d'être impacté, l'administration émet un avis favorable au projet.

En 2012, un collectif Peuple des dunes en Trégor se constitue, réunissant les comités des pêches, le comité régional de la conchyliculture, des amicales de pêcheurs plaisanciers, le club de plongée, des associations locales et régionales de défense de l'environnement. Il est soutenu par le premier collectif Peuple des dunes qui, dans le Morbihan, entre 2006 et 2009, s'était opposé à un projet d'extraction de granulats marins près de la dune de Gâvres-Quiberon, finalement abandonné par les groupes Lafarge et Italcimenti. Il est rejoint en 2014 par le collectif Peuple des dunes Île de Sein, mobilisé contre l'extraction de sables coquilliers dans la dune sous-marine de Kafarnao, restant vigilant malgré le retrait du projet…

Depuis 2012, le collectif Peuple des dunes en Trégor multiplie les alertes sur les dangers des extractions pour l'emploi local et l'environnement : motions de soutien votées par les conseils municipaux, inquiétudes émises par les scientifiques de la réserve d'oiseaux, signatures de pétition, rassemblements massifs en 2013 et début 2015, nombreux courriers adressés aux ministres et préfets successifs, saisie de la commission européenne des pétitions.

Rien n'y fait, en avril 2015, le ministère de l'Économie tranche en faveur du groupe Roullier, s'appuyant sur l'avis du dernier rapport d'inspection, qui estime « raisonnable » une exploitation progressive...

Pourtant, l'utilisation du sable coquillier reste marginale par rapport au calcaire d'origine terrestre (chaux, dolomite). On commence seulement à organiser la collecte des coquilles d'huîtres et autres coquillages... L'acidité des terres est due aux épandages massifs d'effluents d'élevage (7 millions de tonnes pour le seul Finistère !). Pour éviter le pillage du sable coquillier, une transition agricole qui respecte les sols, l'eau, l'air, les animaux et les hommes est une nécessité.

Pour aller plus loin :

• Rapport d'inspection 2015 http://www.cgeiet.economie.gouv.fr/Rapports/2015_02_17_sables_marins.pdf
• Étude d'Ifremer 2013
• http://wwz.ifremer.fr/drogm/Ressources-minerales/Materiaux-marins/Presentation-generale
• Film de Denis Delestrac : « Le sable, enquête autour d'une disparition », prix de l'Impact Amnesty International 2015
• Peuples des dunes : http://peupledesdunesentregor.com, http://peupledesdunesiledesein.blogspot.fr

Aéroport de Notre-Dame-des-Landes (44)

À la fin des années 1960, naît le projet de construire un nouvel aéroport à Notre-Dame-des-Landes, à 25 kilomètres au nord de Nantes alors que l'aéroport historique est situé au sud de la ville. C'est l'époque où l'on croit en des vols transatlantiques réguliers en... Concorde ! Une zone d'aménagement différé

(ZAD) est créée, permettant la mise en réserve foncière de 1 650 hectares, dont plus de la moitié sera acquise au fil des ans par le département de Loire-Atlantique.

Mis en sommeil pendant vingt ans, le projet est relancé en 2000 et franchit alors toutes les étapes administratives : débat public en 2003, enquête d'utilité publique en 2007 ouvrant la possibilité d'expropriation, contrat de concession-réalisation en 2010 avec le groupe Aéroport du Grand Ouest (AGO) composé de Vinci, la chambre de commerce et d'industrie, ETPO (entreprise de travaux publics de l'Ouest), puis enquête au titre de la loi sur l'eau en 2012, arrêtés préfectoraux autorisant la destruction d'espèces protégées et de zones humides en 2014.

L'aéroport aurait dû ouvrir dès 2017. Mais les travaux n'ont pas commencé grâce à l'opposition très efficace qui s'est renforcée au fil des ans.

La première opposition est venue logiquement des agriculteurs en place dès les années 1970. Leur association Adeca (Association de défense des exploitants concernés par l'aéroport) arrache le droit de pouvoir continuer à installer de jeunes exploitants tant que le projet ne sera pas opérationnel. Cela s'avérera déterminant puisque les terres ne seront ainsi jamais abandonnées.

Dans les années 2000, l'opposition citoyenne se structure avec la création de l'Acipa (Association citoyenne intercommunale des populations concernées par le projet d'aéroport de Notre-Dame-des-Landes). La stratégie repose sur trois piliers : action citoyenne (information et résistance sur le terrain), action juridique (tous les recours possibles à chaque étape et à tous les niveaux), action politique (prenant acte que seule une décision politique pourra constater l'impossibilité de fait de mener à bien le projet).

Depuis 2004, l'Acipa fédère les forces d'opposition en présence : plus de 50 associations, mouvements politiques, syndicats et collectifs ont pris peu à peu position contre le projet et forment désormais la coordination des organisations opposantes. Cette coordination organise réunions d'informations, manifestations, très grands rassemblements qui rythment la résistance depuis plusieurs années.

Ce projet d'un nouvel aéroport pour Nantes est inutile, coûteux et destructeur. Inutile, car Nantes a déjà un aéroport international dont les bâtiments et parkings peuvent être agrandis ou optimisés si nécessaire, coûteux financièrement puisque l'État et les collectivités locales devraient investir plus de 115 millions d'euros et destructeur car il aboutirait à la perte sèche de terres agricoles et de zones humides particulièrement remarquables. Le site de Notre-Dame-des-Landes, situé en totalité en zone humide, est en effet un formidable réservoir de biodiversité, il est aussi la preuve qu'une agriculture paysanne, respectueuse de l'environnement est possible pour le bien de tous. Les porteurs du projet (État, départements, régions, lobbies du BTP et de l'immobilier) sont obligés de multiplier les mensonges et les manipulations pour continuer à justifier un choix fait il y a cinquante ans... mensonges sur l'état de l'actuel aéroport, mensonges sur le coût réel de l'infrastructure nouvelle projetée, mensonges sur la valeur écologique du site. Le rouleau compresseur des « procédures administratives » continue comme si l'expertise citoyenne n'existait pas, comme si la forme du débat public suffisait alors que c'est sur le fond que le projet est remis en cause.

De nombreux collectifs ont en effet travaillé et prouvé la faiblesse du projet : collectif des élus opposés à l'aéroport (CéDpa), collectif des pilotes, collectif des Avocats et Juristes, collectif des Naturalistes en lutte, collectif des Architectes, Atelier citoyen… tout est passé au crible : les possibilités d'aménagement à moindre coût de l'actuel aéroport, les coûts réels d'une nouvelle infrastructure, les incohérences des collectivités locales et de l'État, qui devraient être économes mais sont prêts à dépenser sans compter pour ce projet, la détection des espèces animales et végétales du site de Notre-Dame-des-Landes… malgré les arguments solides qu'avancent les opposants, malgré des contre-expertises tout à fait sérieuses, l'État refuse de revenir en arrière.

Et les travaux auraient probablement déjà commencé si l'occupation du terrain n'avait pas permis d'instaurer un véritable rapport de forces. Les agriculteurs exploitants au cœur du site ont certes été expropriés mais une grève de la faim menée au printemps 2012 a permis d'arracher un premier accord politique qui sursoit aux expulsions avant la fin de certains recours juridiques ; un deuxième accord en mars 2014, a garanti l'attente de tous les recours avant le début des travaux. Les terres sont donc toujours cultivées. Mais surtout, depuis le premier camp climat organisé en 2009, de nouveaux habitants sont arrivés qui ont fait de la ZAD, une zone à défendre : les « zadistes », venus d'horizons très divers, résolus à résister sur le terrain, ont squatté des maisons, construit des cabanes, semé et planté. Ils se battent contre l'aéroport mais aussi contre le monde que symbolise ce projet.En 2012, le préfet ordonne aux forces de l'ordre de les expulser, mais leur résistance acharnée et la violence qu'ils subissent font naître un grand mouvement de solidarité. Le conflit acquiert alors une visibilité nationale, il devient symbolique à la fois de la surdité des dirigeants et de la volonté de milliers de citoyens de reprendre en main leur avenir.

Partout en France, des comités de soutien à la lutte de Notre-Dame-des-Landes naissent, le mot même de ZAD et la technique de résistance sur le terrain feront école : les ZAD fleurissent, de Sivens dans le Tarn (contre un projet démesuré de barrage) à Roybon en Isère (contre un Center Parcs et sa bulle tropicale).

Aujourd'hui, la situation peut sembler bloquée. Le gouvernement rappelle régulièrement sa volonté de réalisation de l'aéroport et ne répond plus aux arguments ou interrogations des opposants, les partisans utilisent à l'envi l'argument de la création nécessaire d'emplois et s'emploient à faire passer les zadistes pour des terroristes, la répression est réelle (blessures par utilisation d'armes dites non létales lors de manifestations, condamnations à de la prison ferme…). Cependant sur le terrain se poursuivent les constructions, les activités agricoles (potagers, boulangerie, fromagerie, élevage...) avec des expérimentations et des travaux collectifs (semis, récoltes). La ZAD est plus active que jamais. Pendant ce temps, les recours devant les juridictions françaises et devant la Commission européenne continuent, la lutte aussi...

Les opposants de Notre-Dame-des-Landes poursuivent aussi leur travail de mise en réseau et de mutualisation entre les collectifs œuvrant contre des grands projets inutiles Imposés (GPII), travail développé surtout depuis 2012 (2e forum européen à Notre-Dame-des-Landes).

Au premier trimestre 2015, un très important travail sur la démocratie a été accompli par 12 collectifs agissant contre des grands projets français : un document « trois règles, 20 propositions »[1] a été remis à la commission spécialisée sur la démocratisation du dialogue environnemental auprès du Conseil national de la transition écologique (CNTE) lors de l'audition du 14 mars 2015.

Pour aller plus loin :

- http://acipa-ndl.fr
- http://aeroportnddl.fr/ (collectif des élus qui doutent de la pertinence de l'aéroport).

1. http://www.acipa-ndl.fr/images/PDF/Divers/2015/Plateforme-GPII_Recto-Verso_2015-03-31.pdf

- https://naturalistesenlutte.wordpress.com
- http://parolesdecampagne.blogspot.fr
- https://zad.nadir.org

Barrage de Sivens (81)

La famille des (Grands) Projets Inutiles et Imposés a accueilli, fin 2013, un petit dernier dans le nord-ouest du Tarn : le barrage de Sivens.

Il est envisagé par la Compagnie d'aménagement des coteaux de Gascogne (CACG) depuis les années 1980. Porté officiellement par le conseil général du Tarn, le projet est également soutenu par le conseil général du Tarn-et-Garonne, par le conseil régional et surtout par l'État. Le barrage semble relativement modeste comparé à de nombreux autres projets contestés, mais il est le premier d'une série de 80 barrages d'irrigation. Une série définissant une orientation agricole qui, au-delà des impacts des ouvrages, pourrait avoir des conséquences considérables sur l'agriculture et la biodiversité du Sud-Ouest.

Ce barrage permettait, en premier lieu, à la CACG, de se refaire une santé financière. Depuis sa création en 1959, cette compagnie d'économie mixte est la grande spécialiste des barrages pour l'irrigation. Dans les années 1980-1990, la fin de la politique nationale de construction de barrages, l'a mise en difficulté économique. Intervenant comme bureau d'études pour des collectivités territoriales, elle n'hésite pas alors à gonfler les déficits en eau pour justifier de nouveaux projets. Dans la dernière étude qu'elle a réalisée en 2009 sur le barrage de Sivens, elle a manipulé les élus, en mentant sur les surfaces irriguées et sur les pollutions à diluer. Ainsi, près de 30 % de l'eau sortant du barrage servait à diluer une des principales pollutions du Tescou qui n'existait plus, car maîtrisée par la laiterie Sodiaal en 2006.

Pour empêcher les citoyens de comprendre la manipulation des études par la CACG et de s'apercevoir que la vie aquatique serait en fait fortement dégradée par le barrage, le conseil général et la préfecture du Tarn ont caché au public et, plus grave, à la commission d'enquêtes publiques de 2012, les rapports de la CACG ainsi que l'avis défavorable de l'Office national de l'eau des milieux aquatiques (Onema). Les autorités décidant du projet n'ont pas suivi les avis défavorables des scientifiques régionaux et des experts nationaux, concernant la destruction irréversible de la zone humide du Testet, des espèces animales protégées qu'elle abrite. Il est à noter que les conseils scientifiques dénoncent des compensations inadaptées, voire fantaisistes. Pour l'équivalent de 13 hectares de zone humide détruite, le promoteur prévoyait de restaurer 19 hectares, soit un ratio de 150 % en deçà des ratios pratiqués qui se situent entre 200 % et 500 %, mais qui, plus est, morcelés en neuf espaces distincts, dont certains mitoyens avec la route départementale D999. Dans son avis paru décembre 2012, le Conseil scientifique régional du patrimoine naturel (CSRPN) cite « des mesures compensatoires présentant un caractère hypothétique, voire inadéquat, notamment celles relatives à la restauration des zones humides ». Le Conseil national de protection de la nature (CNPN) a présenté la même analyse dans ses deux avis défavorables en 2013. Les avis réservés de la commission d'enquêtes publiques n'ont pas non plus été respectés. En octobre 2013, la préfète du Tarn, soutenue par Philippe Martin, alors ministre en charge de l'Écologie, autorise le projet.

Les conflits d'intérêts flagrants entre promoteurs et décideurs, le déni de démocratie assumé lors des différentes étapes de sa mise en œuvre, seraient déjà suffisants pour susciter une mobilisation citoyenne. Mais les opposants au projet dénoncent aussi fortement les impacts négatifs sur l'environnement, l'agriculture paysanne et les finances publiques.

Le défrichement d'une trentaine d'hectares de bois classés en septembre 2014 a mis à nu la dernière zone humide importante (19 hectares) du bassin du Tescou qui abritait, au moins, 94 espèces animales protégées et 353 espèces de plantes vasculaires. La zone humide peut encore être restaurée, à moyen terme, car seulement quelques hectares ont été terrassés avant la suspension des travaux fin octobre 2014. C'est pour cela que les opposants demandent une réhabilitation immédiate, au printemps 2015, sans quoi la partie terrassée pourrait être définitivement asséchée et perdue.

Habillée de « vert », la version initiale du barrage de Sivens (1,5 millions de m^3) était officiellement présentée comme destinée à « améliorer la vie des poissons », mais en réalité, 70 % du volume était destiné à l'irrigation dans la vallée entre Gaillac et Montauban. Pourtant, le bassin est déjà fortement équipé en réserves d'eau. Les expertises officielles montrent que, sur les 5,3 millions de m^3 stockés dans les 185 retenues collinaires, plus de 2 millions de m^3 ne sont pas utilisés par leurs propriétaires. C'est la raison pour laquelle, les opposants demandent l'optimisation des réserves existantes, actuellement sous-utilisées, avant d'envisager tout nouvel ouvrage.

Le projet ne bénéficierait qu'à une vingtaine d'irrigants installés dans la vallée, alors que ce sont les agriculteurs installés sur les coteaux et les plateaux, plutôt difficiles à valoriser, qui font face à de vrais problèmes de survie. Pourtant, rien n'est prévu pour ceux-là alors qu'une minorité d'exploitants bénéficierait d'environ 200 000 euros d'investissement public par ferme à travers ce projet de barrage. De l'aveu même des chambres d'agricultures, le projet servirait essentiellement à développer le maïs semence, une culture qui implique un apport intensif en intrants chimiques, même si ce sont un éleveur et un maraîcher bio qui sont mis en avant par quelques médias. Pire, des terres agricoles en élevage extensif seraient noyées par le lac. Les opposants aux projets demandent que l'argent public, soit 8,4 millions d'euros de fonds publics prévus pour sa construction auquel viendrait s'ajouter le coût de la maintenance, le suivi écologique des zones de compensation sur 20 ans et les intérêts des divers emprunts, serve d'abord à renforcer les filières locales à travers la restauration collective, à développer l'agroécologie par l'agroforesterie car les sols vivants ont une meilleure rétention d'eau, l'agriculture biologique et ainsi faciliter l'installation de nouveaux agriculteurs.

Depuis 2011, le Collectif pour la sauvegarde de la zone humide du Testet, qui regroupe des associations environnementalistes, altermondialistes (Attac-Tarn), des producteurs et consommateurs bio (Nature et Progrès Tarn), se mobilise afin de faire pression sur les pouvoirs publics. Des actions sont initiées sous diverses formes comme des manifestations ou rencontres, le soutien aux grévistes de la faim, le tout appuyé par des recours juridiques dont les jugements au fond sont prévus fin 2015 ou début 2016. Ces actions sont notamment soutenues par la Confédération paysanne, FNE et Nature Midi-Pyrénées. Pour éviter que le barrage soit construit avant que le tribunal ne casse les autorisations (comme c'est déjà le cas pour plusieurs barrages bâtis par la CACG), des citoyens ont décidé de créer une « zone à défendre » (ZAD), en occupant le site à partir d'octobre 2013. Même si cette résistance multiple a pu retarder le chantier, les autorités ont choisi de passer en force et celui-ci a démarré le 1er septembre 2014, avec l'appui d'une centaine de gendarmes. Après des semaines de répression brutale par les forces de l'ordre et de multiples exactions de « milices pro-barrages », c'est la mort de Rémi Fraisse, le 26 octobre 2014, qui a conduit à la suspension des travaux. Le lendemain, deux rapports d'experts, mandatés par le ministère chargé de l'Écologie, critiquent fortement le projet initial. Ensuite, la Commission européenne lance une procédure d'infraction contre la France pour non-respect de la directive cadre sur l'eau. Alors qu'ils étaient jusqu'ici ignorés, les collectifs en lutte se voient confortés dans leurs argumentations. Début 2015, le projet initial semble définitivement abandonné au profit d'un projet redimensionné mais toujours situé sur le site de Sivens. La ZAD a été évacuée par les forces de l'ordre le 6 mars 2015. À ce jour, les divers opposants restent mobilisés et poursuivent leur lutte contre ce nouveau projet tout en cherchant à initier des alternatives respectueuses de l'environnement et socialement responsables.

Pour aller plus loin :
- www.collectif-testet.org
- https://tantquilyauradesbouilles.wordpress.com/
- http://www.reporterre.net/+-Sivens-+
- Ben Lefetey (préface de José Bové), *Sivens, un barrage contre la démocratie*, Les Petits matins, 2015.
- Grégory Souchay et Marc Laimé (préface d'Hervé Kempf), *Sivens, le barrage de trop*, Seuil, 2015.
- Collectif, *Sivens sans retenue*, La Lenteur Éditions, 2015.

Barrage des Plats (42)

En 2006, le grand barrage des Plats, sur la Semène, était percé pour des raisons de sécurité. L'ouvrage avait été conçu en 1957 pour garantir, en complément de barrages plus anciens, un approvisionnement en eau assurant le développement industriel du bassin de Firminy. La ville minière et métallurgique en périphérie de Saint-Étienne comptait à l'époque 25 000 habitants. Les aménageurs projetaient 100 000 habitants en l'an 2000, par suite de la croissance industrielle. Celle-ci s'est effondrée à partir des années 1970. Il y a aujourd'hui 17 000 habitants à Firminy ; les industries lourdes ont fermé.

En suite du déclin, la reconstruction du barrage des Plats, un ouvrage à voûte mince de 18 mètres de hauteur qui avait noyé 3 kilomètres de la Semène sous une retenue de 1,5 million de m^3 d'eau, ne s'imposait pas. Les ONG du collectif Loire Amont Vivante[1], regroupant une dizaine d'associations de la Loire et de la Haute-Loire ont donc proposé un programme de restauration de cette rivière d'une qualité biologique rarissime dans la Loire. Dans le contexte de mise en œuvre de la directive cadre sur l'eau de l'Union européenne et dans un département ayant massivement aménagé ses rivières au cours de sa longue histoire industrielle, il paraissait légitime d'entrer, en suite du percement ayant rétabli la continuité écologique de la Semène, dans l'ère de la restauration des fleuves. Légitimité confirmée en 2007 par Nathalie Kosciusko-Morizet, ministre de l'Écologie, dans une intervention à l'Assemblée nationale affirmant qu'une reconstruction de l'ouvrage ne s'imposait pas.

C'était sans compter sur le maire de Firminy, Dino Cinieri, également parlementaire (UMP) de la circonscription, qui a rapidement fait pression pour obtenir la reconstruction du barrage, propriété d'un « Syndicat des barrages » regroupant trois communes, en plus de Firminy : Fraisses, Saint-Paul-en-Cornillon et Unieux, cette dernière étant opposée au projet. Invoquant un besoin en eau potable fictif, puisque l'approvisionnement du territoire est garanti par un barrage de grande capacité, propriété de la ville de Saint-Étienne (l'ouvrage de Lavalette, en Haute-Loire), le parlementaire, soutenu par un État local incompétent, a exercé et fait exercer un redoutable forcing politique sur tous les acteurs institutionnels en charge de l'eau. Il a été discrètement relayé par le Syndicat des eaux de la Semène, qui regroupe dix communes de la Haute-Loire dont la majorité réclamait aussi une reconstruction, justifiée selon elles par la « lutte contre les incendies », entre autres. L'Agence de

1. Frapna Loire, Fédération de pêche de la Loire, diverses AAPPMA, Association Information Écologie, WWF-France, Cdafal, Club des pêcheurs sportifs Forez Velay, Lerpt Environnement, Zoomacom/Openscop.

l'eau Loire Bretagne, la direction régionale de l'environnement, de l'aménagement et du logement de bassin Rhône, l'Onema, les conseils généraux de la Loire et de la Haute-Loire ont eu beau donner des avis défavorables, la préfète de la Loire, Mme Buccio, a lancé une enquête publique de circonstance au printemps 2012. À aucun moment, le collectif Loire Amont Vivante, malgré ses nombreuses demandes, n'a été reçu par les autorités locales. L'idée raisonnable d'une table ronde, demandée dès 2007 pour cerner l'éventuel intérêt général de remise en eau du barrage est une idée étrangère aux élites locales.

Le nouveau barrage a été achevé à l'automne 2014. Son impact écologique est lourd, comme celui de tous les barrages, qui fragmentent les cours d'eau, bloquent la circulation des sédiments, empêchent la migration des poissons, dégradent la qualité de l'eau. Dans la Semène, plusieurs populations d'espèces protégées, l'écrevisse à pieds blancs, la loutre, le campagnol amphibie vont être affaiblies. Par ailleurs, la population relictuelle de moules perlières du sud de la Loire, en voie de disparition, va souffrir de la dégradation de la qualité de l'eau. Le Syndicat des barrages a également oublié la passe à poissons, obligatoire, mais « trop chère ». L'action de dénigrement systématique de la biodiversité a même conduit à ce que le classement en « réservoir biologique », prévu pour l'ensemble de la Semène, au titre de la directive cadre sur l'eau, s'arrête au pied du barrage des Plats.

L'ouvrage va coûter au minimum 8 millions d'euros, financés à 50 % par de l'argent public déboursé, de force par les institutions opposées au projet, mais l'avis favorable de l'enquête publique a sauvé les apparences. Il convient d'indiquer que, à l'aval de l'ouvrage, un contrat de rivière initié par la Fédération de pêche de la Haute-Loire investit 8 millions d'euros pour améliorer les habitats du cours d'eau, ceux que l'on détruit à l'amont. Kafka règne sur la Semène qui coule, il faut le rappeler, dans le parc naturel régional du Pilat, obligé de donner son accord au projet sous peine de ne pas voir renouveler sa charte.

Sur le plan social, les communes du plateau du Pilat, qui auraient pu construire leur image et leur attractivité sur la biodiversité remarquable du cours d'eau se retrouvent avec une énième retenue sur laquelle et autour de laquelle toute activité sera interdite, en plus des risques de pollution liée à des pratiques agricoles qui sont encore loin d'avoir évolué vers le bio.

Le nouveau barrage est en voie de remplissage. Le débat local s'est réduit à quelques articles dans les journaux locaux, la diffusion de documents réalisés par le collectif, une forte mobilisation pendant l'enquête publique, des actions non violentes autour de la Semène. Le bulldozer de Dino Cinieri, soutenu par le nouveau maire de Firminy, M. Petit (PC), a étouffé toute intelligence collective pour penser la gestion durable de l'eau sur ce territoire. Les actions juridiques en référé ont échoué. Un premier recours au fond a conduit à l'interruption du chantier, en novembre 2013. La préfète a pris sans états d'âme un nouvel arrêté pour finir le job. Le collectif, soutenu par SOS Loire Vivante / European Rivers Network poursuit son action. Il a rencontré le directeur de l'eau et de la biodiversité en mars 2015, favorable à une table ronde pour amorcer enfin un début de réflexion partagé, sur un fleuve qui a lancé le remarquable plan Loire grandeur nature en janvier 1994, un plan à maints égards modèle en matière de dialogue entre acteurs. La reconstruction est d'autant plus choquante qu'il existe des alternatives pour sécuriser l'approvisionnement en eau. La retenue de Lavalette stocke 40 millions de m^3 d'eau. Elle est utilisée au tiers de sa capacité et peut garantir des besoins en diminution régulière. De plus, les études faites à la demande du conseil général de Haute-Loire ont montré que, pour un coût de deux à trois fois inférieur, il était possible d'interconnecter les réseaux, d'assurer un approvisionnement supplémentaire à partir d'un captage en Loire réalisé par la commune de Monistrol-sur-Loire. Toute réflexion en ce sens a été refusée par les élus des syndicats, omniscients, puisqu'ils sont élus.

Le barrage des Plats est un symbole de Grand Projet Inutile et Imposé, un exemple de gestion non durable de l'eau. Sa reconstruction a été décidée en petit comité, imposée par la force, bien loin de la doctrine nationale de conservation de la biodiversité : éviter, réduire, compenser. C'est un échec total en matière de gouvernance, dont la réforme urgente a été préconisée en 2013 par les rapports du député Michel Lesage et du CGEDD[1]. Le Syndicat des barrages a construit son barrage pour vendre de l'eau et générer une recette de 100 000 euros annuelle, avec une rentabilité financière garantie parce que ce sont les contribuables qui paient une bonne partie de la note et que l'ouvrage, au *design* obsolète, écrase la biodiversité. Ce n'est pas de l'économie, c'est du pillage des caisses publiques et de la nature. C'est inacceptable ! N'y a-t-il que des affrontements dramatiques tels celui de Sivens pour faire réfléchir les élites de notre pays ? Dans la Loire, nous sommes bien encore dans une république bananière pour ce qui touche à la gestion des rivières.

Pour aller plus loin :

- www.loireamontvivante.fr
- www.rivernet.org
- www.rivieres-sauvages.fr

Center Parcs de Roybon (38)

Le groupe Pierre et Vacances projette de construire un Center Parcs situé au milieu de la forêt de Chambaran, sur la commune de Roybon en Isère.

1. Conseil général de l'environnement et du développement durable.

Autour d'une « bulle tropicale » aquatique chauffée à 29°C toute l'année, ce complexe touristique pharaonique prévoit de faire sortir de terre un millier de « bungalows », soit l'équivalent d'une ville moyenne de 6 000 habitants !

Alors que le drame de Sivens est encore dans toutes les mémoires, l'implantation d'un Center Parcs, en pleine forêt de Chambaran, vient une nouvelle fois illustrer l'entêtement d'élus locaux, soutenus par le préfet rejouant un énième épisode du film « massacre à la tronçonneuse ».

Financé en grande partie sur fonds publics (112 millions d'euros minimum sur 387), ce projet détruira plus de 250 hectares de forêt, dont 110 à 120 hectares de zones humides qui n'abritent pas moins de 35 espèces animales et végétales protégées, dont certaines sont menacées. Il engloutira un million de litres d'eau par jour, soit la consommation d'une ville de plus de 7 000 habitants. Dans une zone où il est régulièrement demandé aux riverains d'économiser l'eau, cherchez l'erreur…

Face aux impacts qu'engendrerait ce projet « touristique » sur la faune, la flore, la ressource en eau et la consommation énergétique, les commissaires enquêteurs de l'enquête publique « loi sur l'eau » ont émis un avis défavorable à l'unanimité et sur 12 points distincts… ! Avis négatif qui a fait suite à celui émis par le Conseil national de la protection de la nature.

À peine l'avis défavorable prononcé par les commissaires enquêteurs, le préfet de l'Isère l'a aussitôt oublié et a autorisé la société Pierre et Vacances à défricher cette forêt. Profitant des autorisations préfectorales, les travaux ont démarré entraînant en réaction à ce coup de force institutionnel la création d'une nouvelle zone à défendre (ZAD) à Roybon qui a l'ambition d'éviter l'irréversible et d'offrir la possibilité aux associations d'ester en justice avant la destruction complète du site. Le 24 décembre 2014, la Fédération de pêche et de protection des milieux aquatiques de la Drôme obtient du juge des référés une suspension de l'arrêté au titre de la loi sur l'eau entraînant l'arrêt légal des travaux.

Le projet a été porté initialement par le conseil général de l'Isère sous la direction d'André Vallini (PS). Depuis avril 2015, c'est Jean-Pierre Barbier (UMP), président du nouveau conseil départemental, qui a réitéré la volonté de voir l'Isère accueillir ce Center Parcs… Le changement dans la continuité, donc !

Impacts écologique, économique et social

Ce projet de Center Parcs se traduirait par l'imperméabilisation de 31,5 hectares de zone humide située en tête de bassins versants de deux rivières connaissant des problématiques de crues récurrentes, de baisse d'étiage, classées en réservoirs biologiques, et ayant un contrat de rivière au niveau du schéma directeur d'aménagement et de gestion des eaux (Sdage). Ces zones humides sont situées sur le dôme piézométrique d'un aquifère déclaré à forte valeur patrimoniale par le Sdage, elles devraient être classées en zones humides d'intérêt environnemental prioritaire par le schéma d'aménagement et de gestion de l'eau (Sage) en cours. Chaque année, ce sont entre 20 et 40 hectares de forêts qui seraient coupés pour assumer 85 % des besoins de la chaufferie bois.

L'argument choc permettant de survendre ce projet aux élus locaux est l'emploi. Or, la moitié des emplois seront à des emplois précaires d'une durée de 10 heures par semaine pour 250 à 300 euros par mois… avec un turn-over annuel de 30 %.

Plus de 4 000 véhicules de touristes sont attendus sur les routes avoisinantes, jusqu'à deux fois par semaine, auquel il faut ajouter des camions et les véhicules du personnel. Sur un territoire peu habité, il s'agit d'une pollution réelle qui entraînera des nuisances sonores et une insécurité routière importante.

Impacts économiques

Pierre et Vacances a pour projet de créer deux autres Center Parcs (en Saône-et-Loire et dans le Jura) très proches géographiquement. Or, le groupe est en perte depuis trois ans et a perdu près de 100 millions d'euros sur cette période. On peut dès lors s'interroger sur la pérennité du modèle économique et des emplois promis. La multiplication des projets de ce type s'apparente surtout à une fuite en avant. En Saône-et-Loire, le montage financier est particulièrement complexe, laissant aux collectivités locales (département et région) le soin de financer une partie des infrastructures touristiques via une société d'économie mixte. Les risques financiers sont donc très importants… pour les collectivités : elles mettent « genoux à terre » financièrement pour accueillir ces Center Parcs. Or, si ce projet ne rencontre pas le succès escompté, les collectivités n'auront plus qu'à repasser à la caisse pour éponger les dettes contractées pour payer les piscines.

Plus largement, d'autres menaces pèsent sur l'activité économique locale. Le transfert d'une clientèle sur d'autres sites de tourisme vers le Center Parcs de Roybon n'a jamais été étudié sérieusement. Les pertes pour les lieux touristiques environnants ainsi que pour les gîtes et chambres d'hôtes sont une menace bien réelle que les collectivités ne prennent pas en compte. Or, le principe même d'un Center Parcs est d'attirer, à l'instar d'un parc d'attraction, un public captif qui dépense son argent à l'intérieur du parc. Chaque client est ainsi invité à laisser sa voiture aux portes du Center Parcs. Présentée comme une mesure écologique, elle est surtout une façon habile de cloîtrer le touriste dans une aire confinée où il est appelé à dépenser sans compter. Le Center Parcs est au tourisme ce que l'hypermarché est au commerce de proximité : un mastodonte qui écrase tout sur son passage.

État de la controverse

Aujourd'hui les positions des « pro » et des « anti » sont complètement figées. Cela est dû notamment au fait que Pierre et Vacances n'a pas jugé utile, à Roybon, de saisir la Commission nationale du débat public (CNDP), saisine pourtant obligatoire.

Faisant contre mauvaise fortune bon cœur, la société Pierre et Vacances a saisi la CNDP afin que cette commission organise un débat public en Saône-et-Loire et dans le Jura. L'opposition dans ces départements se renforce à mesure que l'on découvre que la saisine de la CNDP par Pierre et Vacances s'apparente à un exercice de style sans véritable écoute ni volonté de tenir compte des critiques formulées.

Pour aller plus loin :

- http://pcscp.org
- https://www.change.org/p/stoppez-imm%C3%A9diatement-la-construction-du-centerparcs-dans-les-chambaran-is%C3%A8re-roybon
- http://www.lemondealenvers.lautre.net/catalogue.html
- À lire la revue « De tout bois », et « Chambard dans les Chambarans ».
- http://chambarans.unblog.fr
- https://zadroybon.wordpress.com
- Non au Center Parcs à Poligny : http://www.lepicnoir.fr
- Non au Center Parcs du Rousset : http://centerparc-le-rousset.org

Seconde gare TGV de Montpellier (34)

À Montpellier, il est prévu de construire pour 200 millions d'euros une nouvelle gare TGV, sur la voie ferrée qui va contourner la ville par le sud. Mal connectée, mal située et inutile avant au moins plusieurs décennies, cette gare n'a jamais été depuis vingt ans que le prétexte à des projets immobiliers d'ampleur. Sa construction et son exploitation seraient d'ailleurs confiées à un opérateur immobilier, le groupe Icade, au détriment d'alternatives bien moins coûteuses, plus économes en déplacements carbonés, et bien plus pratiques pour les habitants et les usagers, là encore considérés comme une variable d'ajustement.

Dans le Languedoc-Roussillon, il y a des camions, beaucoup et de plus en plus : plus de 12 000 par jour devant Montpellier. La frontière espagnole explique bien sûr cette pression constante. Face à cela, le rail peine à convaincre les chargeurs : vitesses commerciales peu concurrentielles et fréquents retards pour le fret et les voyageurs, en particulier entre le Gard et l'Hérault, un des points noirs du réseau ferroviaire français.

Après des études entamées dans les années 1990 pour améliorer la situation, le contournement ferroviaire de Nîmes et Montpellier (CNM) est déclaré d'intérêt public en 2005, et sa construction doit s'achever fin 2017. La poursuite de ce doublement par une ligne nouvelle de Montpellier jusqu'à Perpignan (LNMP) est encore à l'étude, et reste surtout à financer.

L'idée d'une gare au sud de Montpellier a, elle aussi, un quart de siècle. Dès l'origine cependant, dans la vision de l'édile local Georges Frêche elle n'est qu'un motif de plus pour un étalement urbain que justifierait l'augmentation alors soutenue de la population. Mais dès cette époque également, les études conduites pour le CNM ont souligné qu'une seconde gare n'avait rien de nécessaire, et privilégiaient plutôt un raccordement pour desservir la gare de centre ville.

C'est pourtant tout le contraire qui va imperturbablement se mettre en place, En cause, les marchandages en circuit fermé des technocrates du rail et des bailleurs de fonds locaux. Résultat, quelle que soit l'échelle d'observation, quelque chose cloche. Zoom arrière à partir du site prévu, près du château de la Mogère, juste au sud de Montpellier.

• Cette gare excentrée serait destinée à recevoir le seul trafic grande vitesse, alors que la nouvelle doctrine de la SNCF pour ses TGV est de desservir en priorité les gares de centre ville. Pire : en 2011, l'embranchement initialement prévu pour desservir la gare de centre ville depuis le CNM est subrepticement retiré du projet.

• Pas de hasard : la gare se trouverait en plein milieu de la plaine agricole au sud-est de la ville que convoitent depuis vingt ans Georges Frêche et ses héritiers. Après les 40 hectares de la zone commerciale Odysseum, ce sont jusqu'à 350 hectares de champs convertis en bureaux qui sont envisagés. Rien de tel qu'une gare pour justifier d'y couler tout ce béton. Et tant pis pour les risques d'inondation, déjà sous-estimés sur le secteur et que le réchauffement climatique aggravera !

• Conséquence de ce choix, la gare se trouverait à six kilomètres du lieu où le CNM rejoint la ligne historique. Cet emplacement alternatif, disponible et à distance comparable du centre ville offre toutes les correspondances ferroviaires que le site de la Mogère ne permettra jamais. Incohérence ferroviaire majeure, qui obligera de plus la métropole de Montpellier à prolonger une ligne de tramway de 50 millions d'euros pour relier entre elles les deux gares.

• Plus loin à l'est, à l'entrée du CNM, une autre gare (Nîmes Manduel) est destinée à la clientèle gardoise, essentielle aux TGV languedociens. Or sa réalisation n'est à ce jour pas assurée, et son financement global encore incomplet. Sans celle-ci, la gare TGV à Montpellier n'a aucune utilité, car le trafic « grandes lignes » continuerait à emprunter la ligne historique, allégée de son trafic fret par le CNM.

• À l'échelle de la région enfin, cette gare révèle une contradiction de fond. Au départ, la mixité fret et grandes lignes justifie le

CNM. À l'arrivée, SNCF Réseau (ex Réseau ferré de France) et les agglomérations desservies manœuvrent avec constance pour qu'il soit en fait consacrés aux seuls TGV, poursuivant des gains de temps rendus encore plus illusoires par le nombre et la localisation excentrée des gares qu'elles veulent en profiter pour construire.

Tous ses porteurs savent au fond combien ce projet est mal pensé pour les habitants et la cohérence du système de transport régional. SNCF Réseau veut facturer au moins deux fois plus cher l'usage de sa ligne nouvelle à la SNCF en y reportant ses TGV ; peu importent les correspondances à rallonge ou les contraintes sur le développement du fret ! Les collectivités locales conditionnent leur participation au financement du CNM à la construction de gares qui justifieraient de bétonner ensuite sans vergogne ; tant pis pour les poumons verts et agricoles des agglomérations ! Et en confiant cette gare à un opérateur privé de l'immobilier, ce dernier ferait coup double, avec un loyer garanti, et la perspective de juteux projets autour ; peu importe ici que les habitants préfèrent que les collectivités locales se soucient d'abord de leur lieu de vie actuel et de la mobilité du quotidien !

Le plus consternant est que la solution est écrite noir sur blanc dans la déclaration d'utilité publique : l'embranchement doit permettre aux trains de voyageurs de rejoindre la gare de centre ville, et laisser le fret poursuivre sa route sur le CNM. Quitte à prévoir des réserves foncières au croisement des lignes si une seconde gare est un jour nécessaire. Même les avocats de SNCF Réseau l'ont admis en mars 2015 devant le tribunal administratif : rien n'est irréversible à ce stade.

La mobilisation citoyenne et associative contre ce projet de gare ne relève pas d'un refus de principe ou idéologique, mais d'une exigence d'humilité et de pertinence dans la dépense publique. C'est sans doute ce dont ce territoire marqué par trente ans d'injonctions conquérantes et égocentrées a aujourd'hui besoin. Le retrait de ce projet en constituerait assurément une illustration de choix.

Pour aller plus loin :

• Site du collectif contre la gare de Montpellier La Mogère : http://garetgv.free.fr.

LGV Bordeaux-Espagne

La genèse de ce projet est aussi obscure que symptomatique de cette mauvaise gouvernance qui voit des élus s'ériger en garant exclusif de la démocratie, arguant de leur légitimité élective pour mieux imposer des projets contestés. Ce projet est découvert par hasard en 1992 dans le dossier d'Eurocité Bayonne-Saint Sébastien. Face à l'hostilité citoyenne, le président de la région s'engage à ne pas donner suite mais les études continuent secrètement.

En 2006, lors du débat public, Réseau ferré de France avec des prévisions de trafic irréalistes justifie la création d'une ligne nouvelle. Les associations dénoncent cette « falsification » des données et prônent l'aménagement des voies existantes. Une contre-expertise (Prog Trans) conclut à des prévisions surestimées et une capacité de la ligne existante aménagée suffisante pour répondre à la demande de RFF. Les conclusions n'allant pas dans le sens du promoteur, elles ne sont pas retenues.

La LGV est à grande vitesse jusqu'à Dax puis mixte (fret/voyageurs) à 220 km/h et se raccorde au réseau ibérique « à haute prestation ».

En 2008, les tracés sont dévoilés, les maires des communes impactées rejoignent les opposants et manifestent à leurs côtés à plusieurs reprises. En 2012, 17 000 personnes se rassemblent à la frontière. Une pétition recueille 22 800 signatures et la population se prononce à plus de 90 % contre la LGV lors de votations.

Ce projet s'inscrit dans le prolongement vers Toulouse et vers l'Espagne de la LGV Tours-Bordeaux. Il est porté par les grands élus aquitains qui reprennent l'argumentaire de RFF : gain de temps, désenclavement territorial, impact économique, réduction des émissions de gaz à effet de serre, saturation prochaine de la ligne existante…

Actuellement circulent 70 à 80 trains par jour pour une capacité de 264 trains et de 320 trains si la ligne est aménagée. Sa saturation n'est pas prévue avant 50 ans (étude Citec).

Le coût de la LGV est estimé en 2011 à 8 milliards d'euros soit 32 millions d'euros le km. La Cour des comptes dénonce une sous-estimation moyenne du coût de 17,2 %[1].

Les dégâts environnementaux sont majeurs : 3 000 hectares d'espaces naturels, agricoles et forestiers détruits, de gigantesques talutages désorganisant le chevelu hydrographique dans les Landes, fragmentant les biotopes ; 235 rétablissements hydrauliques sont prévus.

La zone humide exceptionnelle du Ciron de 3 400 hectares classée Natura 2000 riche en biodiversité est impactée avec 25 sites à fort enjeu écologique. Plus au sud, 16 zones bâties, 7 milieux naturels, 2 mixtes sont traversés. Ces 25 zones sensibles représentent 1 507 hectares et 1 532 constructions dont 75 seront détruites.

Face à une contestation grandissante un observatoire des trafics transfrontaliers est créé en 2012. Depuis 2006, les trafics s'effondrent révélant l'irréalisme des prévisions de RFF, les réunions s'espacent et en 2015 sont remises *sine die*.

En 2014, la Cour des comptes remet un rapport sulfureux sur la grande vitesse ferroviaire[2], un constat accablant : « Tous les efforts tendent vers la justification de la construction des

1. Pierre Recarte, *Les Grandes Voraces*, Éditions Nuvis, 2014.

2. *La grande vitesse ferroviaire : un modèle porté au-delà de sa pertinence*, rapport de la Cour des comptes, octobre 2014.

lignes : compte-rendu incomplet des débats publics ; biais optimiste des études de trafic en vue d'atteindre un taux de rentabilité suffisant ; choix au cas par cas des taux d'actualisation des recettes futures ; omission des conséquences d'une nouvelle ligne à grande vitesse sur les dessertes autres que les TGV, qu'il s'agisse de l'entretien du réseau existant ou de l'évolution des dessertes classiques. » Ce rapport fait suite à ceux de Mariton, Bianco, Auxiette, Duron préconisant la rénovation du réseau existant.

Les grands élus n'en ont cure et soumettent le projet à l'enquête publique obtenant du ministre des Transports d'inclure dans la LGV Bordeaux-Toulouse le tronçon Bordeaux-Dax. Vingt mille contributions ont été adressées aux enquêteurs, négatives à 92 % !

L'avis de l'enquête est défavorable : un gain de temps « peu probant » entre Bordeaux et Dax, « une infrastructure lourde et coûteuse pour un service non garanti », un « financement public incertain », et « une rentabilité socio-économique insuffisante », des « alternatives insuffisamment explorées », des impacts sur l'environnement « insuffisamment pris en compte » et sur la biodiversité « plus importants que "faibles à négligeables" », comme l'affirme RFF.

La réduction des émissions de GES serait effective après dix ans « mais le résultat demeure faible tant vis-à-vis du coût de l'infrastructure que des objectifs européens de réduction de 75 %. »

Quant au développement économique, il se « concentrera autour des gares des deux métropoles et drainera l'emploi au détriment du développement local ». Les 8 000 emplois directs et indirects espérés ne sont, selon les enquêteurs, « pas tous des emplois créés » et « pour la plupart non pérennes ».

Dans un total déni démocratique, Alain Rousset, président de région, et Alain Juppé sollicitent une entrevue avec le ministre des Transports pour peser sur sa décision. Gilles Savary, député rapporteur de la réforme ferroviaire, demande à l'Aquitaine « d'exiger de l'État et de SNCF Réseau des scénarios alternatifs ». L'alternative, la modernisation de la ligne existante étudiée par des experts ferroviaires suisses pour un coût cinq fois moins élevé, n'a jamais été prise en compte !

LGV Bordeaux-Toulouse

Le projet de LGV s'étend sur 222 kilomètres de lignes nouvelles entre Saint-Médard d'Eyrans (33) et Saint-Jory (31) et partage un tronçon commun de 55 kilomètres avec le projet de LGV Bordeaux-Dax. Cette ligne comprendrait deux gares ex-urbanisées à Agen et Montauban. Son tracé sinueux concerne 92 communes dans quatre départements.

Ce projet présenté par Réseau ferré de France (RFF) en 2005 comme devant « mettre Toulouse à 3 heures de Paris, assurer une part croissante des déplacements de voyageurs par le train (...), favoriser une desserte équilibrée des territoires traversés, permettre le développement des transports régionaux de voyageurs et de marchandises » serait avant tout bénéfique pour les entreprises de BTP en charge du chantier. D'un strict point de vue de la mobilité, son bénéfice se réduit à un gain de temps offert à une élite circulant entre grandes métropoles, notamment entre Paris et Toulouse.

Pour le justifier, RFF s'appuie sur une surestimation du trafic, du report modal et des retombées économiques ainsi que sur une sous-estimation de son coût et des impacts environnementaux. Le coût annoncé par RFF a déjà explosé, passant de 2,9 milliards en 2005 à 7,1 milliards en 2012 !

Sa réalisation entraînerait la destruction de 421 bâtis, la consommation de plus de 3 000 hectares de terres agricoles, de forêts, d'espaces naturels (96 sites d'enjeu écologique très fort ou fort), la fragmentation de ces espaces avec un effet de coupure conséquent. Elle nécessiterait au minimum la construction de nouvelles lignes électriques car la très grande vitesse est énergivore (la consommation d'électricité double de 220 km/h à 320 km/h) et l'ouverture de nouvelles gravières (la construction de l'ensemble des voies nouvelles vers Toulouse et Dax exigerait la consommation de 30 millions de m^3 de matériaux en sus de ceux qui seraient réutilisés sur place).

Le bilan carbone de ce projet est plus que médiocre au regard des sommes mises en jeu et des surfaces impactées. Il est bien plus incertain que les inconvénients écologiques et humains[1].

Les collectivités territoriales, déjà lourdement engagées dans le financement de la LGV Tours-Bordeaux, devraient s'endetter durablement et réduire leurs autres dépenses pour payer cette nouvelle ligne à grande vitesse entre Bordeaux-Toulouse.

Il s'agit indéniablement d'un Grand Projet Inutile car les lignes actuelles Bordeaux-Toulouse et Paris-Toulouse par Orléans et Limoges (plus courte de 114 km) sont loin d'être saturées. De plus, la mise en service de la LGV entraînerait une dégradation de la desserte des villes moyennes et sa réalisation se ferait au détriment de l'entretien du réseau existant.

Dès son annonce en 2005, le projet a rencontré une forte opposition : le débat public a donné lieu à une importante mobilisation de la population, des élus locaux, des associations et de certains acteurs importants du territoire (chasseurs, sylviculteurs...). Mais malgré cette opposition, Réseau ferré de France, soutenu par quelques grands élus à l'égo surdimensionné, a continué d'avancer à marche forcée et de vouloir imposer ce projet en le regroupant sous le nom de GPSO avec un autre projet de LGV : Bordeaux-Espagne par Captieux (réduit depuis à une LGV Bordeaux-Dax).

Ce GPSO habilement saucissonné en trois sous-projets

1. http://www.sepanso.org/gironde/spip.php?article67

(Aménagements ferroviaires au sud de Bordeaux, Lignes nouvelles et Aménagements ferroviaires au nord de Toulouse) a fait l'objet à la fin de l'année 2014, de trois enquêtes publiques distinctes qui ont suscité de très nombreuses observations du public très majoritairement défavorables. Au cours de cette enquête, la Cour des comptes a publié un rapport particulièrement incisif intitulé *La grande vitesse ferroviaire : un modèle porté au-delà de sa pertinence*.

Si la commission d'enquête chargée des aménagements au sud de Bordeaux a émis sans surprise un avis favorable, il n'en est pas de même des deux autres commissions qui ont remis des avis défavorables bien argumentés. Sur les conclusions de l'enquête Lignes nouvelles[1], figure notamment une liste des insuffisances et faiblesses du projet mis à l'enquête :

- certains impacts insuffisamment pris en compte ;
- un besoin non partagé ;
- une infrastructure lourde pour un service non garanti ;
- une métropolisation au détriment des villes moyennes et des zones rurales ;
- des alternatives à la grande vitesse insuffisamment explorées ;
- un financement public incertain ;
- une rentabilité socioéconomique insuffisante ;
- un découpage et un phasage du projet regrettables.

Malgré ce rapport accablant, le lobby des grands projets inutiles imposés n'a pas baissé les bras et met tout son poids pour obtenir du gouvernement la signature d'une déclaration d'utilité publique préalable au chantier qui imposerait à la population, qui n'en veut pas, la réalisation de ce grand projet inutile.

---

1. http://www.gironde.gouv.fr/Publications/Publications-legales/Grand-Projet-Ferroviaire-du-Sud-Ouest-GPSO/Lignes-nouvelles-Bordeaux-Toulouse-Bordeaux-Dax/Rapport-et-conclusions-de-la-commission-d-enquete/Rapport-et-conclusions-de-la-commission-d-enquete

Ceux-là mêmes (grands élus, chambres de commerce et d'industrie) qui ont imposé la désastreuse autoroute A65 au nom de la modernité et du désenclavement prétendent aujourd'hui vouloir favoriser le report modal par la création de lignes nouvelles à grande vitesse qui balafreraient inutilement les derniers grands espaces naturels du Sud-Ouest tout en condamnant le système ferroviaire français à la faillite !

LGV Poitiers-Limoges

Dès mai 2009, un collectif composé d'une quarantaine d'associations a entrepris de se battre avec ténacité contre l'ineptie que constituerait la construction d'une nouvelle ligne à grande vitesse entre Limoges et Poitiers. Cette ligne de 110 kilomètres permettrait théoriquement de mettre Limoges à 2h05 de Paris. Deux trains directs seulement seraient prévus par jour ! Ce projet est une totale hérésie en termes économiques et demeure à ce jour non financé ! Ce projet est également contestable du point de vue écologique, donnant lieu à un accaparement et à l'expropriation de milliers d'hectares de terres agricoles, 166 fermes étant « impactées » par ce projet. En France, chaque semaine voit disparaître plus de 200 exploitations agricoles ! Cette hémorragie a un impact direct sur le dynamisme des campagnes et sur la vitalité de la ruralité. Comme toute infrastructure linéaire de ce type, elle induit une fragmentation des milieux écologiques. Ce projet de ligne à grande vitesse va également accélérer la désertification des territoires, en siphonnant et en asséchant la ligne historique Paris-Orléans-La Souterraine-Limoges-Toulouse (POLLT), tout en détournant à des fins privées ce qui avait fait la richesse et l'efficacité d'un véritable service public. Est ainsi évoquée une augmentation du coût du billet de près de 35 % pour les utilisateurs, allant même jusqu'à 60 % pour les habitants de la Creuse ! Ce projet est un « non-sens » car il est « adossé » à une contrepartie financière par la région Limousin pour la ligne Sud Europe Atlantique Tours-Bordeaux à hauteur de 64 millions d'euros. Cette ligne à voie unique coûterait 4 fois plus cher (plus de 2 milliards d'euros) que l'amélioration de la double ligne POLLT d'intérêt national (850 millions d'euros pour la rénovation et la mise aux normes en termes de haut niveau de sécurité, de régularité, de confort et de performances).

Où est l'intérêt général ? Depuis 2006, aucun argument en faveur de la LGV Limoges-Poitiers n'a pu être mis en avant par les défenseurs du projet. Il faudrait attendre entre 10 et 15 ans minimum pour réaliser cette LGV, contre seulement 3 à 5 ans pour réaliser les travaux nécessaires à la ligne POLLT actuelle. Le gain de temps, avancé par les promoteurs du projet n'est pas un argument très probant, puisque les temps TGV avec raccordement à Poitiers seraient de l'ordre de 2h10. Les quelques minutes gagnées dans un train hight-tech seraient perdues dans les couloirs de la gare Montparnasse où arriveraient ce TGV. On peut faire pratiquement aussi bien sur le POLLT « rénové » en 2h30 pour une arrivée au « cœur de ville » à la gare d'Austerlitz !

L'interconnexion est par ailleurs déjà assurée par le POLLT avec le TGV Brive-Lille.

À ce projet « nuisible », le collectif d'associations opposent l'utilisation des infrastructures existantes POLLT qui desservent plus de 5 millions d'habitants, 32 départements, 5 régions, 16 gares, avec 713 km de ligne à doubles voies rénovées, voyageurs comme fret, sans impact environnemental supplémentaire, en stimulant la mobilité du quotidien et en irriguant les dessertes régionales (TER) complémentaires qui participent à alimenter cet axe radiant utilisé par plus de 8 millions de voyageurs annuellement !

La défiance à l'encontre de ce projet surdimensionné est loin d'être seulement portée par les militants locaux. Le 13 mars

2013, l'Autorité environnementale confirme l'antagonisme opposant la LGV à la ligne actuelle. Le 25 mars 2013, Frédéric Cuvillier, ministre chargé des Transports, confirme que le projet de LGV réduira de fait les circulations sur l'axe POLLT de 11 à 7 allers-retours par jour, puis à 4 circulations au final ! La stratégie est finalement assez limpide : pour remplir une rame LGV dont le tarif des billets serait prohibitif, il suffit de supprimer les autres trains. Seuls celles et ceux qui en auront les moyens pourront ainsi se déplacer.

Le 9 juillet de cette même année, les conclusions de la commission Mobilité 21 repoussent aux calendes grecques ce projet pharaonique. Alors que la Cour des comptes constate que cette LGV-PL ne correspond à aucun intérêt général, le Premier ministre, Manuel Valls, et la ministre de l'Écologie, Ségolène Royal, ont signé le 11 janvier (un dimanche !), un décret « déclarant d'utilité publique et urgents les travaux nécessaires à la réalisation de la ligne à grande vitesse Poitiers-Limoges ». Beaucoup d'entités et d'associations ont depuis été amenées à déposer des recours pour « excès de pouvoir » contre le décret reconnaissant un « intérêt public » à ce projet. De surcroît, ce projet de LGV ne correspond plus à ce qu'il était dans le projet initial et porte atteinte à l'intérêt public de nombreux usagers. La répartition pour le financement des études n'est plus la même en 2014 que celle de 2007 (diminution des participations de l'État et de RFF). Les collectivités locales voient leur contribution passer de 11,66 % à 26,20 %. Elle pourrait même atteindre 50 % des 42 millions d'euros ! Et ce n'est qu'un début !

Tous ces éléments ont contribué à l'avis négatif du Conseil d'État. Mais le conseiller général de la Corrèze (devenu chef de l'État), François Hollande, en a décidé autrement en faisant valider la déclaration d'utilité publique publiée le 11 janvier 2015. À bout d'arguments, des élus, derniers partisans de ce projet, ont eu recours au pire des procédés : en appeler à la connivence politique-politicienne.

La commission d'enquête avait émis une réserve de taille : « Qu'une étude hydrogéologique approfondie, prenant en compte certaines zones humides de la vallée du Clain et de la cuvette de Mougon soit menée ». Cette réserve n'a pas été levée mais le décret validant la déclaration d'utilité publique ne fait plus mention de la nécessité de mener cette étude approfondie. Le collectif des associations espère que les recours « gracieux » puis « contentieux » trouveront un aboutissement favorable et que la raison l'emportera. Le fait du prince (même émanant d'un président « normal » !) ne peut conduire au choix de projets qui auront pour effet de dilapider plus de 2 milliards d'euros pour gagner une vingtaine de minutes, le tout en « impactant » des hectares de terres agricoles, en « cannibalisant » le POLLT, en isolant un peu plus les territoires et les populations, en endettant les générations futures pour près de 40 ans ! Ce n'est pas l'avenir ni le projet de société que nous envisageons. La déclaration d'utilité publique comme le projet doivent être retirés et définitivement abrogés !

Pour aller plus loin :

- http://limogespoitiers.com

Liaison ferroviaire Lyon-Turin

Le 30 janvier 2012, la France et l'Italie signent l'accession de « Tunnel Euralpin Lyon-Turin » (TELT) à la gestion de la voie ferrée entre ces deux villes. Le promoteur public succède à la société Lyon-Turin ferroviaire (LTF), marquant l'entrée de ce « grand projet inutile et imposé » dans sa phase opérationnelle. Pour les militants des deux côtés de la frontière, la lutte contre le Lyon-Turin ou *Treni Alta Velocità* (TAV) constitue un combat historique, opposant deux visions du monde : celle des projets pharaoniques, de la relance illusoire de la croissance économique, du fantasme d'un développement durable, contre celle du maintien des équilibres naturels et budgétaires et de la conscience du bien commun. Né dans la vallée de Suse, le mouvement s'étend bien au-delà de la région transfrontalière : depuis vingt-cinq ans, les controverses qui l'animent se propagent dans l'ensemble de l'Italie et dans le reste de l'Europe. L'expansion de la protestation n'est pas née du hasard. Ce mouvement populaire est avant tout un enjeu de démocratie, comme l'atteste la pluralité des groupes engagés : habitants de la vallée, ONG écologistes, activistes des centres sociaux issus du mouvement autonome, partis politiques (SEL, Rifondazione comunista, Cinque Stelle), listes civiques, institutions (Comunità Montana, Confédération des maires de la vallée).

Car l'appareil technocratique et financier européen pèse lourd dans le contournement du jeu républicain. Au début des années 1990, le réseau Transeuropéen de transports projette les connexions nouvelles d'une Europe réunie autour de l'économie de marché. La ligne de train à grande vitesse entre Lisbonne et Budapest, au beau milieu de laquelle passerait le Lyon-Turin, est l'un des projets prioritaires de ce vaste programme. En Italie, le mouvement a commencé quelques années plus tôt, et s'en prend à l'État. Il faut dire que, avec la construction du tunnel du Fréjus et de l'autoroute reliant le Piémont à la France, les habitants de la vallée de Suse ont eu le temps d'observer les mécanismes de corruption à l'œuvre. Les marchés remportés par les entreprises frauduleuses et parrainées par les partis politiques, la surfacturation des infrastructures à la charge du contribuable, le détournement de fonds par les dirigeants économiques et politiques, avaient alors motivé une solide opposition à l'encontre du nouveau projet.

Car ce projet est avant tout inutile : dans cette vallée écrasée par des infrastructures lourdes – deux nationales et une voie de chemin de fer se partagent quelques kilomètres de territoire – les capacités ferroviaires sont déjà sous-exploitées. La ligne actuelle est suffisante et sous-exploitée. Elle n'est utilisée qu'à hauteur de 17 % de sa capacité fret ! Environ 4 millions de tonnes de fret passent sur la ligne actuelle et elle pourrait en accueillir 4 fois plus. On pourrait aisément effectuer un report modal de 700 000 camions, ce qui ne saturerait pas la ligne et allègerait les tunnels routiers du Fréjus et du mont Blanc. Ce transfert pourrait, en outre, se faire immédiatement sans attendre l'achèvement des travaux de la future ligne Lyon-Turin.

De surcroît, la crise financière et la baisse de la croissance ont eu raison des belles prévisions économiques des années 1990. L'Union européenne elle-même, ne trouvant pas de bailleurs, a partiellement renoncé à cette trajectoire au profit de 9 corridors, pensés dans le cadre du mécanisme pour l'interconnexion en Europe (2014-2020). Selon la Cour des comptes, le coût serait de 26,1 milliards d'euros, soit l'un des projets les plus chers du monde. Le tunnel de base, à lui seul, est estimé à environ 10,5 milliards d'euros. Pire, le montant affiché est très loin de refléter la réalité des coûts à venir. La Cour des comptes a pointé du doigt l'augmentation des estimations qui sont d'ores et déjà passées de 12 à 26 milliards d'euros !

La seconde accusation concerne les divergences de sens autour de l'écologie : le TAV est promu au nom du développement durable, puisque, comme chacun sait, le trafic routier produirait davantage de pollution que le fret. Ce que l'on sait moins, en revanche, c'est que trouer la montagne sur une distance de 57 kilomètres provoque, outre une violence inouïe, la pollution des nappes phréatiques et des soulèvements d'amiante aggravant les problèmes de santé publique. La troisième revendication porte sur l'usage de l'argent public.

Depuis 2010, l'expertise des membres de la troïka européenne a imposé à l'Italie un plan d'austérité et de réduction des dépenses publiques très contraignant, alors que ni la destination, ni le prix ou la durée du chantier du Lyon-Turin ne sont fixés. La seule chose qui est sûre, c'est qu'il sera à la charge du budget de l'État.

La trame du mouvement No-TAV se modèle au fil des aléas de l'histoire nationale. Suite à une première vague de mobilisation du collectif Habitat en Italie et de groupes écologistes en France, la lutte stagne pendant quelques années. Il faudra attendre l'entrée dans la phase opérationnelle, avec l'établissement du chantier de la Maddalena en 2005, pour qu'une action décisive et de grande ampleur se mette en place : plusieurs milliers de personnes occupent le site pendant 5 semaines, en proclamant le lieu zone de non-intervention de l'État. C'est la « République libre de la Maddalena », véritable laboratoire d'expérimentation des solidarités et vivier de création des alternatives, durant lequel naissent des initiatives comme le Laboratorio civico ou le groupe d'économie sociale et solidaire Etinomia. Le démantèlement s'opère dans la violence mais le site est immédiatement remplacé par d'autres lieux de lutte dans la vallée : le campement de Venaus, à l'entrée d'une autre embouchure du chantier ; le Presidio de Borgone, où toutes les générations se retrouvent les après-midi dans une cabane améliorée, sur un terrain acquis par plus de 300 propriétaires ; toute la vallée, enfin. Des lieux en état de siège, rasés à plusieurs reprises et toujours reconstruits. Entre-temps, la répression totalitaire du mouvement No-global lors du forum de Gênes s'est gravée dans les mémoires comme le déclencheur d'une violence d'État rendue systématique. Les *fatti di Venaus*, manifestations survenues en 2011 et pendant lesquelles les participants ont été gazés, illustrent bien cet acharnement.

De même, l'annonce de la crise financière de 2008, cherchant à justifier les mesures d'austérité qui en découlent, marque un tournant dans l'histoire et dans l'ampleur du mouvement contre le Lyon-Turin, qui tend à s'allier avec d'autres initiatives similaires en Europe. De là, le début des forums européens contre les GP2I, d'abord dans la vallée, puis à Notre-Dame-des-Landes, à Stuttgart et à Rosia Montana. Tandis qu'il s'étend aux autres pays de l'Europe, le mouvement No-TAV fait des émules en Italie. La vallée de Suse est devenue un phénomène qui gagne tout le pays, du nord au sud, à travers la prolifération des mouvements d'opposition. Parmi eux, on peut citer No Dal Molin dans le Véneto voisin, No-Tap dans le Salento ou le récent No-expo, qui s'attaque à l'exploitation et à la corruption, corolaires de l'exposition universelle en plein cœur de Milan. Du côté de la France, après avoir été l'écho du mouvement italien, une opposition au Lyon-Turin se met progressivement en place et gagne du terrain.

Pour aller plus loin :

- http://cclt-chapareillan.over-blog.com
- http://lyonturin.eu

Ferme-usine des 1000 vaches (80)

De 500 à 1000 vaches laitières, plus de 750 génisses, un méthaniseur producteur d'électricité de forte puissance : 1,489 mégawatt (MW)... voilà ce que prévoyait, entre autres, le projet agro-industriel Ramery dit « des 1000 vaches », dans la Somme. Le tout pour la modique somme de 13 millions d'euros. La lutte que mène l'association citoyenne NOs VIllages Se Soucient de leur ENvironnement (Novissen) depuis 2011, soutenue par une quarantaine d'associations et par la Confédération paysanne a permis de limiter les dégâts en septembre 2014 avec un blocus de plusieurs jours. Une rencontre au ministère de l'Agriculture a limité le projet à 500 vaches et surtout la puissance du méthaniseur à 0,6 MW. Si certains élus locaux et la puissance publique se sont, au départ, montrés tout à fait favorables au projet, aujourd'hui le vent a tourné et l'entrepreneur de BTP Ramery se trouve très isolé ! Ce modèle d'agriculture industrielle intensive n'est plus défendu par personne, ni par M. Le Foll, ministre de l'Agriculture, ni même par Xavier Beulin, le grand patron de la FNSEA qui voit d'un mauvais œil que d'autres « chasseurs de prime » viennent braconner sur ses terres…

Un tel complexe agro-industriel est complètement inutile et n'a aucune justification économique puisque la production de lait est largement suffisante en France, que les pâturages sont encore nombreux et que rien ne justifie une grande concentration d'animaux en milieu « hors sol », sans accès extérieur. L'élevage industriel engendre tout à la fois une maltraitance animale inadmissible et une malbouffe non moins scandaleuse ! Pourquoi se jeter dans une telle folie des grandeurs quand on sait que d'autres modes d'élevage peuvent garantir à l'éleveur des prix justes et permettre la viabilité d'exploitations de taille raisonnable ? Pourquoi s'acharner quand on sait que de tels projets n'ont qu'un effet : accélérer la désertification rurale ? Chaque semaine, 200 fermes disparaissent en France. Ces mégaprojets de fermes-usines n'ont d'« agricoles » que le nom. Ce sont avant tout des pompes à subventions qui ont pour conséquence de détruire les emplois locaux.

Il est alors incompréhensible qu'à l'heure de la transition énergétique et alors que l'équivalent d'un département en terres agricoles disparaît tous les 7 ans en France, un tel projet destructeur et climaticide puisse être autorisé.

Pourtant, il y a bien une raison qui pousse les décideurs politiques et économiques à réaliser ce projet des 1000 vaches : l'argent et la course effrénée aux profits. Pendant qu'un petit nombre maximise les profits, la création d'un tel projet agro-industriel entraîne de terribles conséquences sur l'environnement avec une pollution de l'eau due aux rejets de nitrate, l'utilisation d'énormes quantités de tourteaux de soja transgénique et autres maïs ensilages pour les animaux avec les conséquences que l'on sait notamment en Amérique du Sud, l'utilisation massive de pesticides ou encore les risques réels d'explosion du méthaniseur installé à moins de 600 mètres des habitations...

Les vaches sont considérées comme de simples machines à produire du lait industriel dangereux pour la santé à cause d'une forte teneur en acide palmitique et en oméga 6 qui provoquent maladies cardio-vasculaires et obésité ; elles ne voient même pas leurs besoins fondamentaux respectés, ce qui engendre détresse et maladies. Si l'univers concentrationnaire dans lequel « vivent » les animaux a pour conséquence un état sanitaire précaire, il en va de même pour la population locale exposée, selon le promoteur du projet, à des risques de cancers « acceptables », à une pollution de l'air par le méthane et une contamination des terres et des eaux par les 40 000 tonnes de résidus à épandre chaque année.

Face à ces risques et aberrations, Novissen, association locale de 2 700 membres, est devenue le gros caillou dans la chaussure de Michel Ramery, qui l'empêche de courir encore et toujours plus vite vers l'industrialisation de l'agriculture ! La mobilisation locale reste forte malgré une autorisation partielle à 500 vaches de la part du préfet de la Somme et la vigilance est de mise pour éviter toute augmentation du troupeau,

De nombreuses manifestations et actions ont lieu, notamment à Abbeville, Amiens, Paris (durant le Salon de l'agriculture), Bruxelles, et la population se rassemble également sur le terrain pour marquer son opposition. La commune de Drucat-le-Plessiel est clairement engagée contre le projet Ramery, et le président de la communauté de communes d'Abbeville a enfin confirmé son opposition à toute extension du troupeau !

Au niveau politique, seuls les Verts et le Front de gauche se sont engagés clairement, dès le début, contre le projet et ont agi pour son abandon. Les élus socialistes, bien peu courageux, ont trop longtemps voulu se cacher derrière la décision du préfet ! Aujourd'hui, ils le paient très cher et se trouvent complètement isolés. Les aides publiques doivent aller en priorité au développement d'une agriculture paysanne respectueuse de l'environnement, de l'animal et de la santé humaine, avec des fermes à taille humaine sur tout le territoire et pour soutenir un élevage en pâture, garantie d'une meilleure qualité alimentaire. On sait que les aides publiques soutiennent aujourd'hui largement l'agriculture industrielle. Comme ce projet ne peut justifier un quelconque intérêt général, Novissen réclame la fermeture immédiate de cette usine des 1000 vaches et un moratoire sur la construction de ces fermes-usines géantes qui méritent un débat public et ouvert. Une législation adaptée et précise doit contrôler, voire interdire ces dérives insupportables de l'agro-industrie qui engagent l'agriculture de demain et compromettent le développement d'une agroécologie respectueuse de l'environnement, des animaux et des hommes.

Post scriptum : À l'heure de la dernière relecture avant impression de ce livre, le site d'information Reporterre a diffusé le témoignage d'un ancien salarié de la ferme-usine mettant en lumière une maltraitance animale quasi institutionnalisée, des conditions de travail inacceptables et un nombre de vaches présentes dans la stabulation dépassant largement le nombre légal autorisé. Associations et syndicat ont réclamé la fermeture administrative de cette ferme-usine. Un sondage Ifop publié par Agir pour l'Environnement relève que 68 % des personnes interrogées sont favorables à l'interdiction des fermes-usines.

Pour aller plus loin :

- www.novissen.com
- Carte de l'industrialisation de l'agriculture : www.confederationpaysanne.fr/actu.php ?id=3347

Ferme-usine des 1000 veaux (23)

Sur le territoire du plateau de Millevaches, classé en grande partie « parc naturel régional », chacun pensait être à l'abri de l'agro-industrialisation, protégés des nuisances des élevages industriels grâce à la charte encadrant les grands objectifs assignés à un parc naturel régional (PNR). C'était sans compter la pression de certains élus toujours prompts à se faire les porte-voix du productivisme agricole. C'est donc avec l'aval des élus du conseil général et du PNR que le lobby agro-industriel a pu envisager un atelier d'engraissement de 1 400 veaux à Saint-Martial-le-Vieux en Creuse.

Depuis plus de 50 ans, les agriculteurs du bien nommé « plateau des 1000 vaches » se sont spécialisés dans l'élevage des « broutards », jeunes veaux de 7 ou 8 mois élevés sous la mère à l'herbe des prairies puis exportés en Italie – unique débouché – pour y être engraissés. L'élevage ovin a quasiment disparu au profit de ces broutards dont l'élevage a transformé le paysage du plateau en immenses prairies, consacrées à la production de foin. Or cette exportation est en baisse de façon inquiétante pour les éleveurs.

En 2009, à la réduction de l'activité du camp militaire de La Courtine, l'État accorde 1,5 million d'euros à la communauté de communes des Sources de la Creuse pour créer de l'emploi. Trois projets sont retenus, dont un atelier collectif d'engraissement de veaux issus du territoire.

Ce projet, plutôt bien accueilli par le fait que les veaux seront « finis » et engraissés en Limousin, semblait en sommeil mais il avance « tel un serpent de mer » depuis presque cinq ans, dévoilant sans cesse de nouvelles facettes.

Les éleveurs, inquiets face à la baisse des ventes de veaux à l'exportation, ont imaginé qu'un modèle agro-industriel allait leur permettre d'engraisser leurs broutards sur place et améliorer leur revenu. En réalité, des responsables agricoles, soutenus par des élus mal informés, se sont alliés à des groupes puissants de l'agro-alimentaire et de la grande distribution en signant des contrats avec la filiale Jean Rozé d'Intermarché. Pour imposer cet élevage industriel, un vernis écologique est venu verdir le centre d'engraissement avec l'ajout d'un parc photovoltaïque et une unité de méthanisation. Parmi les actionnaires, la société S.A.S. Alliance Millevaches regrouperait 45 éleveurs actionnaires (mais une douzaine pour l'instant) et d'autres, dont Pierre Chevalier (entre autre ancien président de la Fédération nationale bovine et membre de la puissante FNSEA).

Ce projet de ferme-usine, soutenu par les chambres d'agriculture de la Corrèze et de la Creuse, le conseil général de la Corrèze et la région Limousin, n'a fait l'objet d'aucun débat public. Pourtant le conseil général a versé une subvention de 75 000 euros et la région prévoit de verser 150 000 euros !
Cette usine rassemble tous les défauts du productivisme :

• 4 000 tonnes d'aliments achetées à 200 kilomètres, autant de paille, des animaux transportés et exportés… soit 1,5 camion par jour, c'est un bilan carbone désastreux ;
• une concentration d'animaux de différents élevages, augmentant le mal-être animal et les risques de maladies et donc l'utilisation massive d'antibiotiques ;
• 40 m^3 d'eau utilisés chaque jour ;
• l'utilisation de 1 100 000 euros de fonds publics contestable alors que toutes les collectivités territoriales prétendent vouloir une agriculture durable, relocalisée, de qualité, préservant les ressources naturelles ;
• 11 hectares artificialisés et viabilisés avec de l'argent public sans aucun effort financier de la S.A.S. Alliance Millevaches.

Face à ce déversement d'argent public, la question de l'intérêt public doit clairement être posée et débattue.

L'équilibre financier de ce projet privé n'est assuré que par l'apport massif de fonds publics et la vente de l'électricité. De l'aveu même d'André Alanore, un des « pères » du projet : « Si le prix de l'aliment monte encore de 7 %, l'équilibre économique n'est plus assuré » (cf. *La Montagne* du 5 décembre 2012). Quand les cours de la viande connaîtront une simple baisse et que la spéculation financière fera augmenter le prix des aliments, la communauté de communes se retrouvera seule pour rembourser les annuités d'emprunt.

Ce type de production n'est pas adapté à la vie de ces territoires et ne correspond pas à la demande d'un grand nombre de consommateurs ni à celle des exploitations familiales locales.

En juin 2014, lors du passage de la caravane des convergences des luttes vers Notre-Dame-des-Landes, la Confédération paysanne du Limousin a alerté la population locale. Par la suite, un collectif réunissant des citoyen-ne-s, des syndicats, des associations et des partis politiques s'est constitué.

Les objectifs du collectif « 1000 voix – Novissen Creuse » sont la promotion et la défense d'une agriculture paysanne autonome et indépendante des lobbies agro-industriels. Il travaillera à présenter des projets alternatifs, une autre vision de développement sur le parc naturel régional.

Pour aller plus loin :

- Collectif 1000 voix – Novissen Creuse.
- Nos Villages Se Soucient de leur Environnement, en lutte contre les usines à viande : collectif1000voix@gmail.com.

Europa City (95)

À Gonesse, dans le Val d'Oise, le groupe Auchan via sa

filiale immobilière Immochan, rêve d'ériger Europa City, « le plus grand centre commercial et de loisirs du monde ». Les chiffres d'Europa City donnent le tournis : 230 000 m^2 pour 500 boutiques, 20 000 m^2 de restaurants, 50 000 m^2 d'activités culturelles, 20 000 m^2 d'espace de congrès et séminaires, 2 700 chambres d'hôtel, 150 000 m^2 de loisirs avec, cerise sur le gâteau, une piste de ski indoor plus longue que celle de Dubaï !

Ce temple de la démesure voué à la consommation serait bâti au cœur du « Triangle de Gonesse », sur 80 hectares d'un espace agricole de 1 000 hectares (dont 300 déjà urbanisés) situé en Plaine de France, entre les aéroports du Bourget et de Roissy, près de l'autoroute A1. À côté, sur 200 hectares de terre fertile seraient érigés un « quartier d'affaires » et un « parc créatif », alors qu'il y a actuellement près de 4 millions de m^2 de bureaux vides en Île-de-France.

Un projet aux coûts faramineux en termes d'investissements publics évalués à près d'un milliard d'euros dont 600 millions pour une gare en plein champ et le détour de 5 kilomètres pour la future ligne 17 Saint-Denis-Pleyel – Le Mesnil Amelot via Le Bourget et Roissy du métro automatique du Grand Paris. La filiale d'Auchan a, quant à elle, prévu d'investir près de 2 milliards d'euros.

Auchan y fait miroiter la création à l'ouverture de 11 500 emplois directs, mais on peut légitimement craindre cette fois un scénario de type Euro Disney qui recrute des jeunes sous-qualifiés dans toute l'Europe, notamment dans les pays à fort taux de chômage. Europa City aggrave le risque d'explosion de la bulle de l'immobilier commercial au nord de l'Île-de-France, d'autant que de gigantesques centres commerciaux continuent à sortir de terre. Avec l'ouverture fin 2013 d'Aéroville sur la plateforme aéroportuaire de Roissy, la lutte à mort est déjà engagée avec O'Parinor (Aulnay-sous-Bois) situé à 5 kilomètres par l'autoroute A1, chacun pesant 200 boutiques avec un multiplexe. Europa City serait entre les deux sur le même champ de bataille.

Europa City, ce sont aussi de multiples impacts sur l'environnement avec l'artificialisation de 300 hectares de terres agricoles fertiles et cultivées dont il est le projet-phare, et la dégradation de la qualité de l'air qui est déjà la deuxième plus mauvaise d'Île-de-France sur le plan des particules fines en raison de la proximité cumulée du deuxième aéroport européen et de l'autoroute A1.

La famille Mulliez, propriétaire de l'enseigne, compte notamment sur les acteurs institutionnels pour réussir à imposer son projet. Ainsi les directeurs de l'établissement public d'aménagement (EPA) Plaine de France et d'Europa City font ensemble la promotion du projet dans tous les salons d'affaires. D'autres acteurs sont de fervents partisans d'Europa City : le conseil général du Val d'Oise, la ville de Gonesse, la chambre de commerce et d'industrie du Val d'Oise... Fin 2014, le Premier ministre et le ministre des Affaires étrangères et du Tourisme ont aussi soutenu le projet au nom de l'attractivité touristique du Grand Paris.

En face, la mobilisation ne cesse de s'amplifier, notamment autour du Collectif pour le Triangle de Gonesse (CPTG) créé en mars 2011. Il regroupe 18 associations et est soutenu par l'union régionale FNE Île-de-France. La chambre interdépartementale d'agriculture d'Île-de-France s'oppose également au projet Europa City. Des élus régionaux, notamment écologistes et de gauche, ont apporté leur soutien à cette lutte, ainsi que les élus de Seine-Saint-Denis toutes tendances politiques confondues.

Face à ce projet dit « d'intérêt métropolitain », pour que « Paris ville-monde » puisse « jouer dans la cour des grands », d'autres alternatives existent afin de répondre aux enjeux du XXIe siècle. Ainsi, l'Île-de-France possède les terres agricoles parmi les plus fertiles d'Europe mais produit moins de 10 % de son alimentation. L'objectif du CPTG est de préserver la surface agricole de 700 hectares sur le Triangle de Gonesse (produisant l'équivalent de 20 millions de baguettes de pain par an) et de créer les conditions permettant à l'activité agricole d'y rester implantée durablement. En matière économique, le CPTG propose des emplois de proximité dans les cœurs de ville, la densification des zones d'activités existantes tout en refusant d'autres grandes surfaces commerciales et d'entrepôts.

Après la caricature de concertation organisée par l'EPA Plaine de France en 2013, uniquement dans la commune de Gonesse, le débat public décidé en octobre 2013 par la Commission nationale du débat public, a été repoussé à deux reprises à la demande du groupe Auchan et n'aurait pas lieu avant 2016. Mais les expropriations pour la réalisation des infrastructures de transport nécessaires à Europa City se poursuivent. L'introduction des premiers engins de chantier sur le Triangle de Gonesse avant que le débat public n'ait eu lieu serait le signe d'un passage en force inacceptable.

Pour aller plus loin :

- www.cptg.fr

Méga-centre commercial Val Tolosa

À l'ouest de Toulouse, Val Tolosa est un projet de méga-centre commercial, « pôle shopping et loisirs tourné vers la nature », selon le promoteur. La surface commerciale s'étendrait sur près de 105 000 m² et nécessiterait pour sa réalisation de nouvelles infrastructures routières à la charge du conseil départemental de la Haute-Garonne et la destruction de plus de 44 hectares de terrains naturels.

Le projet, porté par le maire de Plaisance-du-Touch, a été initié au début des années 2000. Il a depuis changé de promoteur, changé de nom mais le permis de construire a néanmoins été accordé en 2009. Pour faire bonne figure, un projet de centrale photovoltaïque a été ajouté en 2015.

Le promoteur du projet est le géant Unibail-Rodamco, « premier groupe européen coté du secteur de l'immobilier commercial, propriétaire d'un portefeuille de 34,6 milliards d'euros au 31 décembre 2014[1] ». Le groupe est résolument tourné vers la réalisation de profits pour les actionnaires, et s'enorgueillit « [d'avoir] pu dégager une profitabilité boursière annualisée jamais inférieure à 15 % sur 5, 10 ou 15 ans ». « Unibail-Rodamco possède 73 centres commerciaux [dans toute l'Europe] au 31 décembre 2014[2]».

Ce projet est destructeur sur le plan social, environnemental et écologique. En effet, ce méga-centre commercial ne répond aucunement à l'intérêt collectif. Les seuls « gagnants » seraient le promoteur et ses actionnaires. La fréquentation des centres commerciaux est en baisse depuis 2008[3], les centres commerciaux où l'on va flâner en périphérie des villes sont un modèle du passé[4]. L'ouest toulousain est par ailleurs très largement équipé en zones commerciales. Le maire de Plaisance-du-Touch persiste pourtant à défendre son projet avec deux arguments : les recettes pour la commune – 2,5 millions d'euros par an de taxes foncières supplémentaires[5] – et la création d'emplois. Diverses

1. www.unibail-rodamco.fr/W/do/centre/groupe

2. www.unibail-rodamco.fr/W/do/centre/centres-commerciaux

3. www.bastamag.net/Toujours-plus-pourquoi-les-centres ; www.lsa-conso.fr/la-frequentation-des-centres-commerciaux-s-est-stabilisee-a-0-1-en-2014,199522 ; http://television.telerama.fr/television/les-temples-de-la-consommation-l-envers-du-shopping,47913.php

4. www.lefigaro.fr/societes/2015/04/15/20005-20150415ARTFIG00121-michel-edouard-leclerc-veut-concurrencer-amazon-et-creer-10000-emplois.php ; www.lsa-conso.fr/la-decruedes-surfaces-confirmee-par-procos,198589 ; www.lemonde.fr/economie/article/2014/12/02/le-modele-du-centre-commercial-vacille_4532936_3234.html

5. « À hyper gagne », *Canard Enchaîné*, 24 avril 2013.

estimations ont été avancées : de 1 300 à 3 000 emplois pour la construction, de 1 600 emplois équivalent temps plein après ouverture[1]. Or, de nombreux experts s'accordent à dire que cela n'est que de la poudre aux yeux. Pour un emploi créé dans ces méga-centres, ce sont 3 emplois détruits dans les 5 années suivantes[2]. Et les emplois créés sont souvent très précaires[3]…

Les communes environnantes[4] œuvrent pour dynamiser leur centre-ville. Ces efforts risquent d'être annihilés par un centre commercial de plus. Le lien social généré par le commerce de proximité serait sacrifié sur l'autel de l'hyper-consommation.

Et ce n'est pas tout ! Selon l'étude d'impact menée en 2005[5] sur le réseau d'infrastructures, le trafic routier supplémentaire est estimé à 20 000 véhicules par jour[6]. Les infrastructures routières, déjà saturées, ne pourront absorber ce nouvel afflux d'automobiles.

Le site retenu pour le projet est le plateau de la Ménude, où des pâturages ont remplacé les cultures. Divers « petits projets » de zones commerciales, artisanales et de logements ont

1. http://objectifnews.latribune.fr/immobilier/unibail-rodemco-val-tolosa-toulouse-christophe-farbos-17092013. Enfin, je rappelle que ce projet représente 350 millions d'euros d'investissement et 2 000 emplois à terme non délocalisables. Il va aussi mobiliser 3 500 emplois dans le secteur du bâtiment.

2. Jean Bothorel et Philippe Sassier, *La grande distribution : Enquête sur une corruption à la française*, François Bourin Éditeur, chapitre : Mammouth écrase l'emploi, 2005.

3. Julien Brygo, « Les grandes surfaces en quête d'un supplément d'âme », *Le Monde Diplomatique*, avril 2013.

4. Pibrac, Brax, La Salvetat-sur-Save, Colomiers, Tournefeuille et même Plaisance-du-Touch.

5. Document en possession du collectif, faisant partie du permis de construire, la surface de vente prévue n'était que de 63 251 m² à l'époque.

6. Les chiffres exacts du document sont : +3 070 véhicules / heure aux heures de pointe en semaine, + 5 230 véhicules / heure aux heures de pointe le samedi.

progressivement grignoté les zones autour des terrains possédés par Unibail-Rodamco. Les surfaces encore vierges deviennent le dernier carré qui résiste au bétonnage.

Les terrains ont été laissés en friches pendant plusieurs décennies et la nature y a repris ses droits. Les études environnementales ont recensé de nombreuses espèces protégées.

Le projet prévoit de détruire 44 hectares de terrains naturels et de bétonner et bitumer 240 000 m². Le promoteur annonce 2 000 arbres plantés, mais oublie de mentionner la destruction d'un sous-bois de 2 hectares. Les riverains sont également inquiets de l'impact sur la gestion des eaux de pluie : un lac paysager est prévu par le promoteur. Si ce lac est « normalement » rempli par les eaux de pluie, comment pourrait-il absorber des pluies exceptionnelles ? En juin 2014, le centre ville de Plaisance-du-Touch a été inondé par un orage particulièrement violent. Comment croire que la situation sera améliorée lorsque le plateau aura été bétonné ?

Val Tolosa, un malheureux mariage à trois

La situation est actuellement bloquée sur plusieurs points. Du côté du droit, en novembre 2013, un recours en annulation du permis de construire jugé au tribunal administratif de Toulouse a été rejeté de manière étrange : dans son ensemble, en négligeant l'incertitude concernant les accès routiers, les arguments des opposants ont été confondus avec ceux d'un autre requérant qui s'était désisté 24 heures avant… Le collectif a décidé de faire appel de cette décision, en espérant trouver un examen plus approfondi et équitable auprès de la cour d'appel de Bordeaux.

Du côté des relations promoteur-mairie-conseil du département : le promoteur ne peut pas commencer les travaux tant que les routes D24 et D82, ne lui auront pas été cédées. Le collectif citoyen Gardarem La Ménuda considère que cette cession serait une spoliation du bien public.

De même, un nouveau « barreau routier » qui relierait le site à la RN 124 serait nécessaire pour l'ouverture du centre. Le conseil départemental n'a pas engagé toutes les démarches nécessaires à ce chantier (enquête d'utilité publique, par exemple).

La mairie de Plaisance a tenté en mars 2015 de passer en force, en commençant des travaux préparatoires pour ce futur barreau routier. Le collectif s'y est opposé, arguant que la mairie n'avait aucune légitimité à entamer ces travaux. La gendarmerie et le conseil général sortant ont donné raison au collectif, en renvoyant les engins.

Du côté de l'écologie : fin août 2013, le préfet a signé l'autorisation de destruction d'espèces et d'habitats protégés. À ce jour, les mesures compensatoires retenues ne sont pas respectées !

Des solutions alternatives existent pourtant : la valorisation agricole, le développement d'énergies renouvelables, l'implantation d'une zone verte, d'une pépinière d'entreprises… Dix ans ont passé, l'aménagement de la zone peut et doit être repensé.

Le 1er juillet 2013, le centre commercial Val Tolosa a été « nominé » par le journal *Le Monde* dans une liste de 25 « projets inutiles »[1]. Le combat engagé par le collectif est relayé par les médias (*La Dépêche*, France 3, France Bleu Toulouse, Actu Côté Toulouse, l'Opinion Indépendante[2]…) et de nombreux articles couvrent les « hoquets » de l'immobilier commercial.

1. www.lemonde.fr/planete/visuel/2013/07/01/au-pays-des-frondes-contre-les-grands-projets-inutiles_3438133_3244.html
2. Excellent article récent : http://www.lopinion.com/journal/article/5787_-val-tolosa-ce-centre-commercial-qui-souleve-la-resistance.html (pour abonnés).

Pour aller plus loin :

• www.gardaremlamenude.com
• www.bastamag.net/Toujours-plus-pourquoi-les-centres Excellente explication de la bulle spéculative immobilière
• www.unibail-rodamco.fr

Tour triangle (75)

C'est le fantasme numéro 1 de tous les chefs d'État ou maires qui se respectent : construire pour laisser son empreinte, si possible évidemment dans une capitale.

Ce syndrome du pharaon-bâtisseur, l'édile socialiste Anne Hidalgo, premier magistrat de Paris, en est elle aussi victime. Résultat, sous couvert de la formule magique dite « d'intérêt général », d'ici 2017, les habitants du sud-est parisien aurait dû voir s'élever au-dessus de leur tête une tour Triangle. Le lieu choisi pour accueillir le monolithe, qui sera selon l'ancien maire de Paris Bertrand Delanoë (*Le Point* du 27 septembre 2008) « d'une beauté inouïe », est l'emplacement actuel du Parc des Exposition, Porte de Versailles. Depuis l'été 2013, les travaux ont d'ores et déjà débuté, les pelleteuses ayant partiellement rasé le plus grand hall du site. Cette démolition n'a d'ailleurs pas manqué d'ulcérer les nombreux opposants fédérés dans plusieurs associations, dont le Collectif contre la tour Triangle qui compte plusieurs centaines d'adhérents. Tous ont dénoncé un passage en force alors que le vote portant sur les modifications administratives nécessaires au lancement du « grand plan de modernisation du site » n'est, lui, intervenu qu'en novembre 2013.

Depuis, la mobilisation se poursuit et des manifestations sont régulièrement organisées. Avec un certain succès puisque le conseil de Paris de novembre 2014 a fini par rejetter ce projet de tour Triangle. Non contente d'être mise en minorité, la maire de Paris a décidé de soumettre un projet légèrement remanié aux mêmes élus quelques mois plus tard. Entre le premier et second projet, aucun espace n'est réservé au logement. Par contre, apparaît plus de 7 700 m^2 pour un hôtel 4 étoiles de 120 chambres. L'entêtement des élus locaux est à la hauteur de cette tour…

Culminant à 180 mètres de haut, le futur gratte-ciel se classera au troisième rang des plus hauts de la capitale, derrière la tour Eiffel (324 m) et la tour Montparnasse (210 m). Ce grand projet inutile l'est dans tous les sens du terme : 50 étages, 72 140 m^2 de bureaux, 300 places de parking et 1 500 m^2 de commerce en rez-de-chaussée. Le tout pour la somme de 535 millions d'euros, financés il est vrai, par un promoteur privé, Unibail, bien connu de l'ancien maire de Paris. Comme le titrait *Le Canard Enchaîné* en décembre 2011 : « Delanoë bétonne les profits de son promoteur préféré : contrat en cascade, prix cassés, concessions en or, rien n'est trop beau pour Unibail ». On le comprend donc, Unibail donne d'une main… ce qu'il va récupérer avec moult profits de l'autre.

Mais face aux esprits chagrins qui viendraient le taquiner sur le sujet, la maire a préparé un argument imparable : sa tour va créer pas moins de 5 000 emplois ! Si on la suit bien, il suffirait donc de bâtir des dizaines de monolithes tout autour de Paris pour résoudre, d'un seul coup de truelle magique, le problème de l'emploi. Mais, Paris regorge précisément d'immeubles de bureaux vides, les centaines de panneaux accrochés aux fenêtres en témoignent. D'ailleurs, la capitale possède pas moins de 32 millions de m^2 de bureaux, premier parc de bureaux d'Europe devant le grand Londres, un parc parisien équivalant à celui de Manhattan ! Pendant ce temps, le problème du mal-logement, lui, continue de s'amplifier… Plus d'1,4 million de m^2 de bureaux sont actuellement innoccupés à Paris.

Le projet fait au passage miroiter la création d'un jardin public d'environ 8 000 m^2, situé le long du boulevard Victor, aménagé par la Ville de Paris et financé par celle-ci. Car comme pour tant d'autres grands projets inutiles, les aménagements extérieurs sont à la charge du contribuable. Il faut bien que ce dernier mette la main à la poche puisqu'on nous répète qu'il s'agit d'un projet d'intérêt général… La preuve ? Comme l'annonçait Anne Hidalgo, la tour Triangle « encourage des formes urbaines et architecturales nouvelles, dans le respect des objectifs de son plan climat ».

En attendant, comme l'a résumé un élu écologiste, « les tours sont à l'urbanisme ce que le 4x4 est à l'automobile : énergétivores et totalement paillettes ». Car construire en hauteur implique d'employer des matériaux à forte résistance, acier et béton principalement. Ces deux matériaux sont parfaitement anti-écologiques, par l'énergie grise que leur production nécessite, par les matières premières qu'ils emploient et par leur bilan carbone absolument effroyable.

Enfin, la verticalité entraîne une consommation supplémentaire d'électricité pour faire monter l'ensemble des charges sur plusieurs dizaines de mètres. Les tours sont donc d'immenses voraces en énergie, à tel point que les plus « performantes » d'entre elles ne dépenseraient que... 130 kWh/m^2/an ! Or, le plan climat parisien, celui-là même qui est tant vanté dans le projet de la tour Triangle, fixe la norme à 50 kWh/m^2/an. Cherchez l'erreur...

Pour aller plus loin :

www.contrelatourtriangle.com

Extension et modernisation du stade Roland-Garros

Que peut bien réunir Jean-Camille Formigé et Roland Garros. L'un était architecte ; l'autre aviateur. À la fin du XIXe siècle, le premier bâtit les grandes serres d'Auteuil situées dans le 16e arrondissement parisien ainsi qu'une véritable cathédrale de verre, typique de l'architecture des grandes expositions universelles qui vit également naître le Gand Palais. Le second laissa son nom à un vaste complexe tennistique dont l'extension menace aujourd'hui les serres d'Auteuil.

Au tournant du XIXe et du XXe siècle, l'architecte et l'aviateur aurait pu se rencontrer. Aujourd'hui, tout les oppose. L'un incarne un site ouvert toute l'année, classé monument naturel, inscrit à l'inventaire des Monuments historiques ; il accueille l'un des quatre jardins botaniques parisiens et ses 10 000 plantes tropicales, dont certaines sont en voie d'extinction. L'autre est désormais le prête-nom du sport spectacle prêt à tout pour concurrencer les autres étapes du Grand Chelem de l'ATP World Tour.

S'estimant trop à l'étroit quinze jours par an, la Fédération française de tennis, appuyée par la Mairie de Paris, tente donc d'étendre et moderniser le stade actuel afin d'y ajouter un nouveau court de tennis de près de 5 000 places. Pour cela, 5 serres récentes et 9 serres plus que centenaires seraient tout bonnement détruites ! Et ce, alors même que ce jardin botanique a déjà connu une amputation de plus d'un tiers de sa surface à l'occasion de la construction du périphérique en 1968, véritable aspirateur à voitures.

Dans le très chic 16e arrondissement parisien, la colère gronde. Les grands projets inutiles et imposés semblent ainsi ne pas être une exclusivité réservée aux quartiers défavorisés. Les mêmes logiques sous-jacentes stimulant la morgue des destructivistes conduisent ainsi aux mêmes effets.

Parc des Princes consacré au ballon rond, extension du stade Jean Bouin réservé au ballon ovale, destruction à près de 95 % et privatisation du reste de la piscine Molitor… le 16e arrondissement est en passe de devenir le haut lieu du sport business. Et ce, quels qu'en soient les coûts économiques, sociaux et écologiques !

Non content de détruire un trésor du patrimoine national, la FFT bénéficierait d'une autorisation de s'approprier le patrimoine public pour une durée de 50 ans. Une première convention fixait une durée de… 99 ans.

La course poursuite engagée entre les sites accueillant les étapes de l'ATP Wolrd Tour est pourtant perdu d'avance pour l'étape française. Espérant, avec cette extension-destruction, faire passer la superficie du site de 8,5 à 12,5 hectares, la terre battue de Roland-Garros ne pourra concurrencer les autres sites du Grand Chelem s'étendant sur 18 à 20 hectares. Car l'objet premier de ce projet est d'attirer un public international invité à l'occasion d'un match par telle ou telle multinationale dans le cadre de sa politique de relations publiques. Utilisée 15 jours par an, ce projet de nouveau stade n'accédera pas à la rentabilité escomptée…

Malgré les recours engagés, le président de la FFT opte pour un jusqu'au boutisme inacceptable. Il dit et répète à qui veut l'entendre que le projet ira à son terme et que les travaux seront engagés avant la fin de l'année 2015. Étonnante façon de reconnaître l'indépendance de la justice que d'estimer que les recours ne pourraient qu'aboutir à un rejet sans effet sur le projet !

Les opposants ont pourtant remporté des victoires juridiques très loin d'être anecdotiques en faisant tomber la première convention signée entre la FFT et la Mairie de Paris. Le montant de la redevance versée à la Mairie de Paris pour l'utilisation de l'espace public ayant été, en février 2013, considéré comme « manifestement insuffisant au regard des avantages de toute nature consentie » par la Mairie de Paris.

En parallèle à ces actions juridiques, le Comité de soutien aux serres d'Auteuil, Vieilles maisons de France, France nature environnement et la Société pour la protection des paysages et de l'esthétique de France ont proposé un projet alternatif qui permettrait d'éviter la destruction des serres en couvrant une partie de l'autoroute A13 toute proche.

Malgré ce projet, le Premier ministre Manuel Valls a profité de l'édition 2015 de Roland-Garros pour s'exprimer en faveur du projet de destruction des serres… et ce, contre l'avis de sa ministre de l'Écologie ! Comme l'indiquait Philippe Bonnet, rédacteur en chef des *Soirées de Paris*, aux zones à défendre (ZAD) pourraient se succéder de nouvelles JAD… jardins à défendre !

Pour aller plus loin :

www.sppef.fr

www.lemonde.fr/idees/article/2011/01/25/refusons-l-extension-de-roland-garros-sur-les-serres-d-auteuil_1470308_3232.html

Village Oxylane de Saint-Jean-de-Braye (45)

Tout commença en novembre 2011 quand la mairie de Saint-Jean-de-Braye organisa une réunion publique pour présenter un projet de création de zone commerciale baptisée Village Oxylane, à Saint-Jean-de-Braye dans l'agglomération d'Orléans (Loiret, 45). Cette annonce fit réagir un certain nombre d'Abraysiens, pour aboutir en décembre 2012 à la création du collectif « Pour un site préservé entre Loire et forêt », faisant référence au slogan de la ville elle-même « La ville qui bouge entre Loire et forêt ». Slogan bien ancré dans son époque où l'agitation perpétuelle est érigée en valeur.

Chemin faisant, réunions publiques après réunions de travail, le collectif se constitue en association en mai 2013, fort de son effectif grandissant et afin de se doter d'une structure pour mener le combat en justice et poursuivre la mobilisation.

Les Villages Oxylane sont un concept créé par le groupe Décathlon, détenu par la famille Mulliez, propriétaire du groupe Auchan et de plusieurs dizaines d'enseignes de la grande distribution en France et dans le monde. En France, le groupe Mulliez possède 4 600 hypermarchés et supermarchés, et 2 440 autres dans le monde (données 2009).

Le magazine économique *Capital* estimait en 2014 que la famille Mulliez constituait la première fortune de France, avec un portefeuille global garni de 37,88 milliards d'euros (+ 3,8 % par rapport au printemps 2013). La famille est également connue pour être l'une des championnes de l'optimisation et de l'évasion fiscales.

Pour conforter sa position dominante sur le marché orléanais de l'article de sport, Décathlon France ambitionne de créer un magasin supplémentaire (alors qu'il y en a déjà deux au sud de l'agglomération), autour duquel viendraient se greffer plusieurs autres magasins du groupe Auchan, plus ou moins liés aux domaines du sport et des loisirs de plein air. Cette entreprise de bétonnage et d'artificialisation des sols est maquillée en opération de promotion du sport et des loisirs de plein air.

L'agglomération d'Orléans dispose déjà d'une offre pléthorique de magasins de sport, avec de nombreuses petites surfaces souvent spécialisées, et plusieurs grandes surfaces généralistes comme Décathlon, réparties aux 4 points cardinaux du territoire. Ce projet ne répond donc pas à une demande locale.

L'argument, censé emporter la décision de la ville, est la création de 240 emplois ! Le conditionnel est pourtant de mise. En effet, la stratégie du nénuphar consistant à étouffer la concurrence crée peut être des emplois d'un côté mais en détruit de l'autre. Combien de suppressions d'emplois aurons-nous à comptabiliser à travers la fermeture d'autres enseignes déjà présentes ? On apprenait dans *Les Échos* qu'en 2012, malgré 5 ouvertures supplémentaires, le groupe Décathlon ne créerait aucun emploi, gains de productivité oblige.

Ce qui n'empêche pas la mairie de Saint-Jean-de-Braye d'adopter une déclaration « d'intérêt général » en faveur du projet Oxylane dans une délibération du 14 février 2014. Quand bien même il s'agit de toute évidence d'un projet d'intérêt privé, qui sape la prospérité collective et notre patrimoine !

La mairie et l'agglomération d'Orléans ont d'ailleurs signé une promesse de vente au prix imbattable de 2,40 euros le m^2 ! À titre de comparaison, pour le village Oxylane de Lesquin dans le Nord, ouvert en 2011 et fermé en 2014, Décathlon avait acquis les terrains à 30 euros le m^2.

Non content de participer à l'artificialisation des sols à travers son soutien à la grande distribution, nos collectivités locales décident en plus de brader le bien public. Car que ce soit en termes économiques ou écologiques, ce projet a pour but de créer de la valeur (pour les Mulliez) en détruisant de la richesse (économie locale et patrimoine naturel). En effet, si pour Décathlon et ses supporters la zone convoitée de 16,5 hectares n'est pas une zone agricole (selon les documents d'urbanisme modifiés en faveur du projet), ce n'est en revanche pas l'avis de l'un des agriculteurs qui la cultive. Il suffit pourtant de mettre un pied sur le site et de constater entre les hectares boisés et les champs cultivés qui, du PLU ou de l'agriculteur, est le plus proche de la réalité.

Selon l'étude d'impact sur l'environnement de Décathlon, le site serait composé de 8,87 hectares de zones humides dont seulement 0,15 hectare devrait être compensé écologiquement ! En totale contradiction avec la loi sur l'eau, Décathlon propose donc une destruction nette de plus de 8 hectares d'un écosystème fragile et indispensable ! En effet, selon l'avis de plusieurs spécialistes des sols, cette zone permet entre autres d'atténuer les fortes précipitations et de filtrer (un peu) les pollutions issues des quatre voies avoisinantes avant que les eaux ne finissent dans la Loire (patrimoine mondial de l'Unesco) en empruntant la Bionne, un de ses affluents. Les opposants ont organisé de nombreux événements d'information citoyenne : pique-niques, plantations, courge party, projections-débats, conférences, marche de Roubaix à Néchin, le collectif ne manque pas d'imagination pour faire connaître ce projet dans l'opinion publique et démontrer aux élus l'inanité de celui-ci.

Plusieurs recours en justice ont été engagés ; un premier sur la modification du plan local d'urbanisme et la déclaration d'intérêt général du projet ; un second sur l'autorisation de création d'une surface commerciale donnée par la Commission départementale d'aménagement commercial (CDAC). La Commission nationale d'aménagement commercial (CNAC) a accepté notre requête le 12 novembre 2014 en annulant l'autorisation d'exploiter ce Décathlon. Qui plus est, les raisons invoquées pour motiver cette annulation reprennent tous les arguments principaux soutenus par les opposants ! Preuve, s'il fallait le démontrer, que les experts en environnement et en bon sens se cachent plutôt du côté de la société civile que du côté de certains élus politiques et des experts rémunérés par Décathlon.

Comme on pouvait s'y attendre, Décathlon a décidé de faire appel de cette décision. La détermination du collectif reste entière et les opposants poursuivent leur action en justice. Un recours devant le tribunal administratif a également été déposé afin de contester le permis d'aménager délivré comme si de rien n'était pas la commune en décembre 2014…

Le site de la Bissonnerie (c'est son petit nom) doit conserver sa vocation agricole et naturelle !

Pour aller plus loin :

- Blog du collectif « Pour un site préservé entre Loire et forêt » : http://splf45.blogspot.fr.

Autoroute A831 Rochefort-Fontenay-le-Comte

Le projet d'autoroute A831 est apparu de façon discrète en 1994 et a été officialisé en 1997 par le début des études d'impact. Présenté au départ comme antenne autoroutière, il a pris tous les « airs du temps » successifs, se justifiant comme dernier maillon de la route des estuaires, puis comme déviation de la ville de Marans bien connue pour ses bouchons d'été, ensuite comme vecteur de développement touristique ou encore, selon les derniers écrits, comme l'autoroute de l'emploi… après avoir subi toutes les appellations que vous connaissez : désenclavement, développement, desserte côtière, axe nord/sud du transit international… et plus.

Long de 64 kilomètres, traversant deux zones Natura 2000 du marais poitevin et du marais de Rochefort, le projet a été déclaré d'utilité publique en juillet 2005 pour une durée de dix ans… Un projet dont les jours sont donc comptés !

Les fervents défenseurs de ce projet sont des politiques et des entrepreneurs locaux. Parmi les politiques, nous trouvons le président du conseil général, Dominique Bussereau, ministre des Transports pendant sept ans, Bruno Retailleau, président du conseil général de Vendée, tous les deux UMP. Également pro-autoroute, le président PS du conseil régional des Pays de-Loire, Jacques Auxiette, est aussi président du Groupement des autorités responsables de transport (GART). Le conseil régional de Poitou-Charente et sa présidente, Ségolène Royal, sont contre ce projet et refuse de participer à son financement. Les entrepreneurs locaux ont des intérêts privés dans cette réalisation de façon directe, entreprises de BTP, ou indirecte comme les entreprises de transports.

À l'époque, pas de débat public national, les associations réunies en collectif ont posé un recours auprès du conseil d'État (violation de la loi littorale, surestimation de trafic, sous-estimation des coûts et des impacts environnementaux) et auprès de la Commission européenne. Le tout est classé en 2008 malgré le Grenelle de l'environnement. Le ministre de l'Environnement, Jean-Louis Borloo, demande à la Ligue pour la protection des oiseaux une nouvelle étude environnementale pour optimiser les mesures compensatoires et atténuer les impacts. Ce rapport n'a toujours pas été officiellement porté à la connaissance du public et jamais chiffré.

Au début de 2012, au lancement de la campagne présidentielle, l'État lance un appel d'offres auquel répondent quatre entreprises de BTP. En octobre 2012, la commission Mobilité 21 est chargée de hiérarchiser les projets inscrits au Schéma national des infrastructures de transport. Le rapport classe l'A831 dans les projets à reporter au-delà de 2050 pour des raisons environnementales et sociétales malgré un bon point économique que les associations locales contestent.

Le coût officiellement retenu est de 890 millions d'euros sans prendre en compte les préconisations environnementales soit un coût de 14 millions d'euros le kilomètre. Depuis le rapport Duron, les élus parlent d'un coût de 1 milliard d'euros. L'État s'est désengagé et seules les collectivités territoriales doivent assumer cette dépense.

L'ami qui nous veut du bien, Vinci, a fait le siège de nos élus qui veulent eux aussi faire notre bien à l'insu de notre plein gré ! Vinci propose à qui veut l'écouter la solution PPP (partenariat public-privé), mais les associations lui opposent une autre définition de l'acronyme : « Pas Pour des Prunes ». Vinci apporte le financement total immédiat mais tout PPP est assorti bien sûr d'un remboursement avec intérêts et comporte une clause de revoyure... qui reporte à plus tard la subvention publique et grossit la dette mais plus tard aussi ! La fable de la cigale et de la fourmi est une belle métaphore des partenariats public-privé.

Dans le cas de l'A831, la dépense réalisée par les collectivités territoriales assécherait les budgets locaux d'une façon drastique et prolongée et ce d'autant plus qu'il leur faut aussi financer la LGV.

Les zones humides sont reconnues comme des territoires de première importance pour le maintien et la préservation de la biodiversité. Quelle cohérence entre le classement de ces zones à grand renfort de fond publics et la construction d'un ruban de bitume ? Quelle cohérence entre la défense des terres agricoles et les atteintes portées aux exploitations agricoles par un tel projet ?

Légalement le projet A831 sera définitivement enterré à la fin de sa déclaration d'utilité publique, au terme des fameuses dix années, soit en juillet 2015. Les élus pro-autoroute et les entrepreneurs continuent à se manifester auprès de Manuel Valls ou du président Hollande en demandant une prorogation de déclaration d'utilité publique. Le Conseil d'État doit être saisi par la ministre de l'Environnement pour étudier cette demande. Le Conseil d'État n'est pas enclin à poursuivre les projets qui après dix ans n'ont pas connu le moindre commencement de réalisation. Ségolène Royal a fait part, à de multiples reprises, de son opposition à la poursuite de la procédure et a plusieurs fois déclaré que l'A831 ne se ferait pas.

Pour aller plus loin :

- http://non-a831.chez-alice.fr ; non-a831@aliceadsl.fr ; BP 6 – 17290 Aigrefeuille.

Autoroute A650 Pau-Oloron

En 1990, l'autoroute A650 Pau-Oloron est inscrite au schéma directeur routier national. Cette autoroute est présentée comme un nouveau maillon de l'axe européen E7 reliant la France à l'Espagne et qui s'inscrirait entre deux projets plus avancés : l'autoroute A65 Pau-Langon et le tunnel du Somport en vallée d'Aspe. Ces deux projets inutiles ont étés vigoureusement combattus par de très fortes mobilisations des associations de défense de l'environnement et des collectifs de citoyens mais le tunnel du Somport fut inauguré en 2003 et l'A65 en 2010.

En juin 2007, l'avant-projet sommaire est transmis mais le 4 juin 2008, Jean-Louis Borloo annonce l'abandon de l'A650 « au profit de la stricte sécurisation de la route existante » ; ce projet ne correspondant plus aux nouveaux enjeux du Grenelle de l'environnement.

Mais, dès 2009, le conseil général des Pyrénées-Atlantiques reprend le projet à son compte sous l'appellation de projet d'intérêt local, appellation susceptible de contourner les restrictions du Grenelle de l'environnement en matière de création de nouvelles infrastructures routières. Le CG64 crée le Syndicat mixte d'études de la liaison routière Pau-Oloron chargé d'en étudier la faisabilité technique et financière à partir des études réalisées par l'État sur l'ex A650. Le nouvel habillage du projet en « liaison d'intérêt local » est une supercherie ; un projet d'axe européen qui devient une nécessité locale sans même que soient étudiés les besoins réels de déplacements des entreprises et des usagers sur le territoire.

À l'appel de l'association Code Béarn, de nombreux opposants[1] manifestent pour des alternatives à l'A650 en organisant des réunions publiques et des rassemblements tout en réalisant des panneaux, un carnaval et des plantations citoyennes… Tous soutiennent l'amélioration de l'existant et le développement d'alternatives au tout-routier. Les arguments

1. Code Béarn, Sepanso64, Agir pour l'Environnement, FNAUT, Creloc, Crefco, FNE, Attac, Emmaüs Pau-Lescar, DUT, Confédération paysanne, Greenpeace, Les Amis de la Terre, CoClipau, Libertat, Amaps locales… ainsi que de nombreux maires et élus de villages traversés ou non, des députés, groupes politiques PCF, Front de gauche, EELV, des syndicats et de nombreux citoyens.

avancés par les promoteurs, tels que le désenclavement, l'accidentologie de l'itinéraire existant ou la densité du trafic à l'entrée des agglomérations sont martelés, exagérés. Sans vergogne, le CG64 et la chambre de commerce et d'industrie présentent du Béarn l'image d'un territoire déshérité dont le déclin économique semble inévitable sans la réalisation de cette nouvelle route !

Le trafic, certes important, sur l'actuelle nationale RN 134 Pau-Oloron ne concerne en réalité que quelques kilomètres à l'entrée des deux agglomérations. Le taux d'accident y est inférieur à la moyenne nationale ainsi qu'en témoignent les chiffres de la Préfecture et des analyses officielles. L'enclavement n'est qu'une vue de l'esprit, une représentation partisane, que ni la faible distance à Pau (32 km), ni le taux de chômage parmi les plus bas du département, ni le dynamisme des entreprises du bassin d'Oloron (Lindt, Messier…) ne viennent corroborer.

Mais en 2013, les études sont rendues et le conseil général réaffirme par délibération du 27 juin 2013 sa volonté de réaliser ce projet pour un montant exorbitant compris entre 341 et 411 millions d'euros. Selon ces estimations, les 25 kilomètres de nouvelle route à deux fois une voie avec créneaux de dépassement coûteraient aussi cher que cinquante kilomètres de l'autoroute A65 (400 millions d'euros) tant les principaux ouvrages d'art seront coûteux (tunnels, viaducs) sur des terrains présentant des contraintes géologiques majeures.

Inutile et ruineux, ce projet décrit un couloir à camions à travers exploitations agricoles et pâturages, à proximité de villages et de lotissements, d'un champ captant alimentant 32 communes. Avec en point de mire la vallée d'Aspe, encore préservée, que les camions voudront franchir. Faudra-t-il alors éventrer la vallée ? Les opposants refusent que cette vallée devienne aux Pyrénées ce que la vallée de la Maurienne ou la vallée de l'Arve sont aux Alpes, où l'air est devenu trop souvent irrespirable. Si ce projet était réalisé, la faune, la forêt et la flore paieraient aussi un lourd tribut. De nombreux habitats (forêts et zones humides, tourbières…) et de nombreuses espèces (l'écrevisse à pattes blanches, la cistude d'Europe, le triton marbré, le cuivré des marais…), reconnus d'intérêts communautaires et déjà classés prioritaires car menacés de disparition, seraient en grand danger. Les opposants à ce projet demandent l'amélioration de l'existant, dessertes routière et ferroviaire, mais les élus locaux (la quasi-totalité des conseillers généraux, leurs présidents successifs Georges Labazée, Jean-Jacques Lasserre, des députés Jean Lassalle, David Habib…) ne jurent que par ce grand projet.

La route actuelle, la RN 134, n'est pas une voie rapide. Elle fait l'objet d'aménagements réguliers de la part de l'État (rocade, aménagements de sécurité, radars…), d'autres sont prévus (suppression de passages à niveau, élargissements, déviation d'Oloron…).

La liaison entre Pau et Oloron est aussi assurée par TER à raison de 6 allées-retours par jour de centre-ville à centre-ville. Le conseil régional d'Aquitaine a lancé en 2010 les contrats d'axes ferroviaires visant « à coordonner le développement de l'offre TER et des transports collectifs sur ce territoire, dans le cadre du report modal et de la multimodalité qui consiste à penser la chaîne des transports dans son intégralité ».

En complément, le projet de centre intermodal à Pau, la rénovation en cours de la liaison ferroviaire Pau-Canfranc, les parkings relais, le cadencement des trains, les bus, le covoiturage, les pistes cyclables, permettront de répondre bien mieux à la diversité des besoins de déplacements locaux.

Contournement est de Rouen (76)

Il y a plus de 40 ans naissait le projet de contournement est de Rouen. Inscrit au Schéma directeur d'aménagement et d'urbanisme en 1972, re-présenté au public en 1993, le projet s'ajoutait au contournement autoroutier de Rouen par un contournement éloigné à l'ouest. Avec l'idée qu'il n'y a pas de grande ville sans un périphérique, le monde économique réclame une rocade à l'est pour des fonctionnalités locales (développement logistique).

En juin 2000, une contre-expertise faune flore est coordonnée par Haute-Normandie Nature Environnement. La Commission européenne saisie, confirme les expertises. Elle intervient auprès de l'État. La rocade devient le contournement est. Il fait l'objet d'un débat public de juin à octobre 2005. Ce contournement a été fortement contesté par la coordination des associations, les habitants et des élus politiques.

L'État français abandonne le tracé initial pour protéger la biodiversité dans des sites reconnus désormais d'un intérêt communautaire où se retrouve notamment l'habitat d'une espèce endémique : la violette de Rouen.

La poursuite des études remonte à la décision du directeur des routes en 1994… aujourd'hui président de la Commission nationale du débat public (CNDP).

Suite aux décisions ministérielles de 2006 et 2011, les études se déroulent sous l'égide d'un comité de pilotage. Ces institutions affirment un large consensus politique pour l'opportunité du projet. Un nouveau tracé, dit préférentiel, est retenu.

En 2013, la CNDP opte pour une simple concertation, et néglige l'organisation d'un nouveau débat public malgré les modifications substantielles apportées (tracé, statut autoroutier et à péages, des infrastructures et des usages changés en dix ans, un franchissement de Seine rajouté au projet initial du SNIT).

De juin à juillet 2014, lors des 9 réunions, une ferme opposition, quasi unanime, est manifestée. Le garant reconnaît la forte hostilité face au projet et les mécontentements exprimés face à l'attitude de la Direction régionale de l'environnement, de l'aménagement et du logement (Dreal). Les habitants, les collectivités impactées et les associations ont présenté leurs inquiétudes et porté leurs alternatives.

Le préfet et les présidents de région, des départements et de la Métropole ainsi que le maire de Rouen disent avoir entendu l'opposition à ce projet. Ils affirment aussi avoir entendu les personnes qui n'étaient pas présentes, et qui seraient pour !

Ce projet autoroutier saigne des territoires sur plus de 41 kilomètres. Le 7 Janvier 2015, la ministre ramène le coût du projet à 820 millions d'euros alors même qu'il est estimé par la Dreal, à plus d'un milliard d'euros.

La moitié des emprunts sera supportée par le concessionnaire ; le reste à la charge de l'État et des collectivités.

Alors que la Dreal n'a cessé de déclarer qu'il n'y aurait pas de subvention d'équilibre, la ministre de l'Écologie propose le recours… à des subventions d'équilibre supportées par les collectivités locales.

De même, la Dreal annonce un prix de péage de 10 cents/km pour les véhicules légers. Or, seul le concessionnaire fixera le prix du péage (sur l'A150 proche, ouverte en 2015, le prix fixé par le concessionnaire est de 17 cents).

Ce projet détruira non seulement les paysages périurbains au plus près du centre des agglomérations, en boucle de Seine, il va impacter plus de 600 hectares de forêts, terres agricoles et naturelles, en faisant abstraction de la périurbanisation et des projets de zones d'activités logistiques s'ajoutant aux zones d'activités commerciales récentes (Les bilans Loti d'ouvrages similaires prouvent qu'il n'y pas de créations d'activités ni d'emplois mais déplacements de celles-ci à proximité des nœuds autoroutiers).

Plus de 240 hectares de terre arable seront détruites sur la métropole et l'agglomération Seine-Eure, des terres dont la vocation est de devenir le réservoir des cultures de proximité.

Les compensations pour les exploitations agricoles se feront par le rachat d'autres surfaces agricoles existantes, et la conversion des zones de prairies. Cela va accroître les ruissellements et augmenter la vulnérabilité d'un système karstique fragile et complexe, vulnérabilité encore accrue par la destruction du milieu sylvicole au pourtour et en aval des bassins versants.

Les pollutions, émissions de particules fines, les dépassements d'ozone et ainsi les risques encourus par la population ont été balayés par le maître d'ouvrage. La Dreal a argué que toute habitation avait vocation à avoir une route qui passe devant !

La Dreal a utilisé des arguments écologiques pour justifier cette autoroute :

• développement des transports collectifs et baisse de la pollution en ville grâce à un déplacement du trafic qui devra emprunter cet axe par des mesures de contraintes qui restent à trouver ;

• l'hypothèse d'une modalité avec le rail et le fluvial est annoncée.

Alors que les trafics de transit sont estimés à moins de 40 000 véhicules (sur près d'un million de déplacements, dixit la Dreal), et que 90 % du transit s'effectue sur un axe est-ouest (zones portuaires), le maître d'ouvrage se donne pour objectif de dévier jusqu'à 85 % du trafic de transit sur un axe nord-sud passant à l'est de la métropole. Les études du centre d'études et d'expertise sur les risques, l'environnement, la mobilité et l'aménagement (Cerema) mettent pourtant en évidence que seuls 1 983 véhicules transitent sur cet axe aujourd'hui.

Les chambres consulaires justifient ce projet comme étant le nouvel axe Calais-Bayonne. Or, cet axe existe déjà : il s'agit de l'A28, une autoroute qui ne remplit par ces prévisions de trafic, un échec situé à quelques kilomètres seulement. Pour le maître d'ouvrage, la liaison entre les 2 tronçons de l'A28 n'a pas vocation à passer par ce contournement est, mais bien le contournement ouest. Les responsables économiques s'obstinent cependant à réclamer l'axe Calais-Bayonne par ce projet reliant Rouen, Chartres et Orléans.

Nos alternatives partent du constat suivant : les trafics d'échange se font à l'ouest de Rouen, mais pas à l'est. Il faut donc utiliser l'existant, et finir le contournement ouest de Rouen, en mettant en liaison les deux tronçons de l'A28 avec l'A13 et l'A29 et l'A150.

Les moyens financiers pour la réalisation des accès rive gauche et rive droite autour du pont Flaubert semblent ne plus être un obstacle à la finalisation de ce contournement !

73 % des déplacements dans la métropole sont inférieurs à 6 kilomètres, la voiture représente 60 % de cet usage. Les marges de manœuvre pour amplifier les politiques de transports à mobilité partagée sont importantes et des projets existent.

La chambre régionale des comptes signale que les territoires en périphérie de la métropole doivent être pris plus en compte. Les complémentarités et les nouveaux usages sont à créer par la métropole et les autres autorités régionales, organisatrices de transports : des services dans le cadre d'une démarche volontaire pour réduire notamment les émissions de gaz à effet de serre et les émissions de particules. Tous les constats et les préconisations vont dans le sens de la réduction des trafics.

Ce contournement, dont l'ouverture est de nouveau reportée à l'horizon 2024, développerait de nouveaux trafics routiers que personne ne souhaite.

Pour aller plus loin :

- Intervention de Francis Bia, HNNE, à Gouy : http://www.dailymotion.com/video/x20dgp4_liaison-a28-a13-gouy-3-intervention-de-francis-bia-hnne-ovationne_webcam.

• Saint Pierre Express : http://www.saintpierre-express.fr/categorie/contournement-est-de-rouen
• Réunions de concertation en vidéo : http://www.dailymotion.com/user/spexpress/1
• Note de positionnement de la FNE HNNE : https://onedrive.live.com/view.aspx ?resid=FD0C102C4BF87510 !1272&cid=fd0c102c4bf87510&app=WordPdf.
• Non à l'autoroute : http://non-a-l-autoroute.over-blog.com/ et https://www.facebook.com/NonALAutorouteA28A13.
• Association Apache : http://apache-authieux.fr
• Non à l'A28-A13 : http://causes.centerblog.net/rub-non-a-a28-a13-.html
• Le site de la CNDP : http://www.liaisona28a13.com.

RN154 et RN12 (28)

Le projet consiste à réaliser, via une mise en concession autoroutière, l'aménagement de la RN154 et de son tronc commun avec la RN12 entre les communes de Nonancourt et d'Allaines. Par décision ministérielle du 15 mars 1994, cet aménagement devait être effectué grâce à une 2x2 voies avec carrefours dénivelés, sous statut de route express.

Actuellement, une grande partie du trajet en 2x2 voies est utilisée gratuitement par les usagers comme voie express avec itinéraire de substitution (ancienne RN154).

Le 25 juin 2010, une seconde décision ministérielle a acté le principe d'une mise en concession autoroutière de l'aménagement. L'Eure-et-Loir est essentiellement concerné, partiellement le Loiret (au sud) et l'Eure (au nord).

Il s'agit de relier l'A13 (Val-de-Reuil) et l'A10 (Allaines), chaînon manquant d'une grande rocade du Bassin parisien, afin d'assurer les liaisons nord-sud sans passer par l'Île-de-France.

Le porteur du projet, maître d'ouvrage, est l'État qui a confié à ses services décentralisés, la Direction régionale de l'environnement, de l'aménagement et du logement (Dreal) Centre, la maîtrise de la procédure administrative. Les objectifs affichés par le maître d'ouvrage sont le soutien à l'économie et l'emploi, le développement des pôles urbains de Chartres et Dreux, la sécurité et les conditions de vie des habitants de Saint-Rémy-sur-Avre et de Nonancourt.

La réalisation de ce projet consommerait plusieurs centaines d'hectares de terres cultivées. Il impacterait l'intégrité de quatre vallées (Eure, Blaise, Avre et Conie classées zones Natura 2000), de dix zones naturelles d'intérêt écologique faunistique et floristique (ZNIEFF) et de la zone de protection spéciale de Beauce. Cet aménagement ferait planer des risques sur la ressource en eau de près de 60 000 habitants en traversant le bassin versant du périmètre de protection des captages de Vert-en-Drouais et de Vernouillet/Dreux.

La Cour des comptes européenne, dans son rapport n° 5, constate l'absence de démonstration de l'intérêt économique des autoroutes au plan du développement économique local ou national. La Dreal représentant l'État ne démontre rien à ce niveau. Loin des certitudes assénées par l'État, un axe autoroutier ne garantit pas les dessertes locales et l'irrigation des petits territoires où l'activité artisanale est prépondérante et représente la force vive de ces territoires.

De plus, le cadre de vie des habitants d'un très grand nombre de villages, qui, au cours des dizaines d'années passées, a été amélioré par l'aménagement progressif de la RN154, serait à nouveau détérioré par le retour d'un fort trafic en centre de village qui chercherait à éviter la voie autoroutière payante.

La réalisation de ce projet d'autoroute dont les objectifs datent de plus de vingt ans, confisque aux citoyens la RN154 (actuellement gratuite) qui structure leur département. Aujourd'hui, les visions de l'aménagement du territoire doivent évoluer face à la crise énergétique et climatique.

Si l'État ne s'était pas désengagé sur le financement de la réouverture aux voyageurs de la ligne ferroviaire Chartres-Orléans, le trafic routier aurait pu être réduit par le transfert des usagers sur le rail.

La nécessaire transition énergétique a remis en cause le tout-routier. Dès le départ de ce projet, les services de l'État ont présenté un diagnostic non partagé ! Pour la Dreal, le trafic devrait augmenter ce que les associations remettent en cause ; la RN154 serait de plus en plus « accidentogène » ce que les statistiques ne montrent pas, bien au contraire. En 2014, la quasi-totalité des accidents ont eu lieu sur les départementales.

La décision prise par le ministre de l'Écologie le 25 juin 2010, très en amont de la procédure administrative, contraint la participation des citoyens, en les canalisant sur des choix de fuseaux d'autoroute et non sur la possibilité de proposer des choix alternatifs à la mise en concession.

Cependant, depuis 2010, les associations « Pour une alternative à la mise en concession autoroutière » développent et proposent une alternative qui depuis 2014 couvre l'ensemble du projet de Nonancourt à Allaines. Cette alternative a été co-construite sur les besoins des usagers, en aménageant l'existant, reprenant ainsi, avant l'heure, la feuille de route donnée à la commission Mobilité 21 pour hiérarchiser les projets inscrits au Snit (schéma national des infrastructures de transport). Cette commission a d'ailleurs repoussé le projet autoroutier en 2013.

Pour aller plus loin :

- L'ensemble des associations « Pour une alternative à la mise en concession de la RN 154 et RN 12 » est coordonné par la Feel (Fédération Environnement Eure-et-Loir, agréée protection environnement).
- Ce groupe est constitué d'associations adhérentes à la Feel : Avern (http://www.avern.fr), agréée protection de l'environnement sur le 28, membre de FNE.

• ASCVEG (http://nonalautoroute.over-blog.com/tag/vie%20de%20l%27ascveg). Vivavre, UFC 28 (http://www.ufc-quechoisir-chartres.org).

Nouvelle route du littoral à la Réunion (974)

La nouvelle route du littoral (NRL), qui doit relier Saint-Denis au port est un projet pharaonique comme les aiment les grands groupes du BTP que sont Vinci et Bouygues. Long d'à peine 12,5 kilomètres, ce projet de route à deux fois trois voies coûterait la bagatelle de 1,66 milliard d'euros. Les opposants estiment que le coût du projet pourrait dépasser les deux milliards et demi. En effet, tous les grands projets réunionnais connaissent des dérapages budgétaires. La route des Tamarins a vu la facture passée de 850 millions au départ à 1,2 milliard d'euros. Le pont de la rivière Saint-Étienne a explosé de 50 %. Le coût au kilomètre de cette nouvelle route du littoral pourrait avoisiner les 140 à 200 millions, là où un projet d'autoroute entraîne une dépense moyenne de 6 millions d'euros par kilomètre ! Et encore n'est-il pas encore prévu de raccordement entre cette nouvelle route et la ville de Saint-Denis connue pour ses embouteillages monstres…

Pourquoi un tel niveau de dépense ? Tout « simplement » parce que cette route serait posée sur pilotis et longerait la côte réunionnaise. Sept années de travaux seraient nécessaires pour venir à bout de ce projet. Cet « ouvrage d'art » doit « théoriquement » résister aux cyclones et autres secousses sismiques durant un siècle… Cette route « maritime » viendrait remplacer l'actuelle route côtière, sujette à des éboulements. La falaise surplombant l'actuelle route a connu deux gros éboulements, l'un de 34 500 m³ en 1980, l'autre de 30 000 m³ en 2006. Or, les sécurisations successives (via la pose de filets et plus récemment de gabions) tendent à être de plus en plus efficientes. Il apparaît que la solution la moins onéreuse pour tendre vers cet objectif est de mettre le début de la route littoral actuelle en tunnel, car le risque de gros éboulis est maximal sur cette portion de la route.

Le président du conseil régional de la Réunion (UMP), fervent défense de ce projet, a reçu le soutien inattendu de la ministre de l'Écologie qui l'a assuré de l'engagement de l'État.

Or, ce projet de nouvelle route littoral se situerait sur un environnement fragile constitué d'espèces endémiques. La biodiversité de la Réunion, comme de nombreux autres milieux insulaires, est unique. L'Union internationale pour la conservation de la nature a recensé 104 espèces menacées, conduisant le Conseil national de protection de la nature à émettre, en 2013, un avis négatif.

Après plusieurs années où la mobilisation citoyenne ne fut pas à même de faire plier les promoteurs du projet, une manifestation rassemblant plus de 4000 personnes (soit la plus grosse mobilisation réunionnaise pour la préservation de l'environnement) a eu lieu en juin 2015.

À l'appel du collectif Touch pa nout' roche, ces manifestants se sont rassemblés autour de la Ravine du Trou, à proximité de l'ancienne route nationale. Le but de cette manifestation était clair : contester le projet d'ouverture d'une carrière à Bois Blanc. Le site, situé à Saint-Leu, doit être exploité par la Société de concassage et de préfabrication de La Réunion (SCPR) dans le cadre du chantier de la NRL. Plus de 18 millions de tonnes de granulats et autres matériaux devront être extraits pour construire cette route. Le président de la région envisage de piller plusieurs sites naturels.

Opposé au projet, le député-maire de Saint-Leu a exigé un référendum local. De loin en loin, certains n'hésitent plus à évoquer désormais la création d'une zone à défendre afin de lutter plus efficacement contre ce projet destructeur, inutile et coûteux.

Les bouchons de Saint-Denis dépendent plus de l'inadaptation du réseau dionysien à accueillir les véhicules venant de l'ouest, surtout aux heures de pointe que d'une éventuelle NRL. La croissance des déplacements est liée aux emplois concentrés au nord de l'île, à un marché du logement insuffisamment fluide ainsi qu'à une grande faiblesse de l'offre de transports en commun (7 % des déplacements pour 2,4 % de la consommation en carburants fossiles).

Des alternatives à cette nouvelle route sont envisageables. Il faudrait élargir côté mer la route actuelle pour la mettre à l'abri de la houle en reprenant les talus et faire une carapace de tétrapodes, d'au moins la largeur de la route actuelle. Une autre vision de l'aménagement de l'ouest de Saint-Denis est un préalable indispensable à la NRL, et c'est un projet complet de ville qui est à revoir. Il est également envisageable d'aménager la RD41 en tant qu'itinéraire bis, pour suppléer les éventuels basculements ou fermetures d'exploitation. Et, bien sûr, le rail est une solution alternative satisfaisante, si elle est maillée à un réseau de bus à proximité des stations, bus fréquents, maniables, permettant les liaisons faciles entre les gares, allant de Sainte-Rose à Saint-Joseph.

Pour aller plus loin :

Collectif Touch pa nout' roche : www.facebook.com/Touchpanoutroche.

Centrale nucléaire de Flamanville (50)

La France compte 58 réacteurs nucléaires fournissant environ 75 % de son électricité (mais seulement 17 % de son énergie). Alors qu'à la suite de la énième catastrophe « impossible », celle de Fukushima, nombre de pays abandonnent un à un cette source d'énergie dangereuse, la France s'entête en poursuivant la construction d'un nouveau réacteur dit EPR, à Flamanville.

D'une puissance de 1 650 MWe, ce nouveau réacteur ne ferait qu'ajouter de la surproduction nucléaire à la surproduction existante, la France exportant, à bas coût, une électricité dont elle ne sait que faire. En effet, le nucléaire, technologie lourde et peu flexible, produit une électricité de base inadaptée à une consommation fluctuante. Paradoxalement la France croule sous les électrons nucléaires mais doit importer de l'électricité pour assurer l'équilibre du système, notamment durant les périodes de pointe. Du point de vue énergétique, ce « nouveau » réacteur est donc inutile. Il l'est d'autant plus que la part du nucléaire dans le mix électrique hexagonal devrait, à l'avenir, passer de 75 % à 50 % si François Hollande respecte ses engagements de campagne. Au pays où l'atome a remplacé le Roi Soleil… l'équation « moins de nucléaire = plus de réacteurs » ne surprend personne !

La décision de construire un nouveau réacteur nucléaire n'est pas motivée par des considérations énergétiques. L'EPR est un outil de prestige, une vitrine commerciale censée appâter les clients étrangers.

À l'instar du Concorde, l'EPR a vocation à provoquer l'admiration de chefs d'État et de gouvernement qui (en théorie) devraient sortir le carnet de chèques et multiplier les commandes. Or, l'EPR, conçu dans les années 1990, a toujours été présenté comme un réacteur « évolutionnaire », simple mise à jour des réacteurs à eau pressurisée. L'EPR ne rompt pas suffisamment avec les réacteurs de l'ancienne génération pour être considéré comme « révolutionnaire ». Il ne résisterait pas à un crash d'avion de ligne et ne présente pas toutes les garanties requises pour écarter définitivement tout risque de catastrophe.

Enfin, d'un coût estimé à 3,3 milliards d'euros, il devrait dépasser la somme abyssale de 10 milliards. Mi-avril 2015, l'Autorité de sureté nucléaire a repéré dans la cuve du réacteur une anomalie « très sérieuse », énième problème qui devrait faire bondir une nouvelle fois la facture finale. Ces investissements pour le moins hasardeux amènent déjà l'opérateur historique à envisager une hausse substantielle de plus de 30 % du prix de l'électricité.

Après un débat public aux conclusions connues d'avance, une enquête publique a été menée, tambour battant, en plein cœur de l'été 2006. S'inscrivant en droite ligne de ses prédécesseurs, le ministre de l'Économie de l'époque, appelé à devenir, en 2007, locataire du palais de l'Élysée, a imposé la construction de ce réacteur au détour de l'annexe d'une loi sur l'énergie, annexe non soumise au vote des parlementaires !

L'opposition diffuse à ce réacteur s'est enracinée, sur le terrain, dans la contestation de la ligne à très haute tension (THT), dite « Cotentin-Maine », de 400 000 volts, censée relier l'EPR au réseau de THT français. Dans un même mouvement de déni démocratique, cette ligne THT longue de 163 kilomètres supportée par 320 pylônes d'une cinquantaine de mètres de hauteur a été imposée aux riverains sous bonne garde policière.

Les collectifs Stop EPR et Stop THT poursuivent inlassablement leur lutte contre un double projet inutile, coûteux et dangereux.

Centre d'enfouissement de déchets nucléaires de Bure (55)

Le centre d'enfouissement de Bure dans la Meuse/Haute-Marne est prévu pour accueillir 100 000 m^3 de déchets atomiques sous terre.

L'industrie nucléaire produit des déchets depuis 50 ans et n'a toujours pas de solutions pour les gérer ; elle n'a rien à proposer pour neutraliser leur extrême dangerosité. Un très long vol sans piste d'atterrissage ! L'impasse est colossale et chaque jour qui passe aggrave le problème. Les quantités augmentent, certaines catégories sont stockées en surface pour 300 ans en attendant que leur toxicité décroisse, d'autres sont abusivement baptisées matières valorisables pour le « retraitement »… Pour les déchets à vie longue (milliers à millions d'années) et haute et moyenne activité (99 % de la radioactivité déjà produite), État, EDF, Areva, CEA prônent l'enfouissement à 500 mètres sous terre. L'enjeu est colossal : renouveler le parc électronucléaire et vendre sans complexe un nucléaire « propre », un comble, en faisant de Bure une vitrine.

Enterrer la démocratie au passage

De 1987 aux années 2000, pas moins de 25 sites en France ont été approchés de près ou de loin pour accueillir un centre d'enfouissement. Pour tenter de désamorcer les très vigoureuses oppositions déclenchées, la loi Bataille de 1991 a permis de le maquiller en « Laboratoire de recherches géologiques », avec à la clé, pour appâter des élus locaux naïfs et sans souci de concertation citoyenne, énormément d'argent, des promesses de développement, d'emplois et la notoriété assurée. La loi votée en 2006 a imposé Bure comme seul « Labo », malgré de nombreuses manifestations coordonnées au niveau national et ayant pour slogan le fameux « Ni ici, ni ailleurs ». Tous les recours juridiques, dont ceux contre le défaut de consultation des populations, ou demandes de référendums sont classés sans suite.

Le projet mené par l'Andra (Agence nationale pour la gestion des déchets radioactifs), baptisé Cigéo (Centre industriel de stockage géologique), est passé en phase de conception industrielle en 2012, juste avant le débat public de 2013. Celui-ci, qualifié de faux débat par maintes associations lucides sur son inutilité a été fortement perturbé et toutes les réunions publiques annulées. Il se déroulera finalement uniquement sur internet !

Le fiasco est largement relayé dans de nombreux médias et aura permis de remettre en lumière l'hostilité citoyenne au stockage souterrain comme les nombreuses tares, tant éthiques que techniques, du dossier.

Malgré tout, en 2015, une loi pourrait valider la construction de Cigéo. En 2025, les promoteurs de ce projet de centre d'enfouissement espèrent enfouir les premiers colis de déchets. L'enfouissement se ferait en parallèle à la construction des galeries, pendant 125 ans. Pour déresponsabiliser notre génération, les promoteurs de ce projet fou l'habillent aujourd'hui d'un vernis mensonger de réversibilité, mais il est bien prévu, *in fine*, de tout boucler de façon définitive et irréversible.

Utile ou inutile ? Ce centre de stockage souterrain est avant tout un projet insensé et une véritable bombe à retardement ! C'est ainsi que le cahier des charges de l'enfouissement se fixe pour objectif de « confiner, limiter et retarder le retour des radionucléïdes à la biosphère ». La traduction est simple : un jour ça fuira, la contamination sera incontrôlable. Quand ? Impossible à prévoir. Qui trinquera ? Nous ou nos descendants ? La présence de failles, la circulation d'eau accélérée par les puits et descenderies, les mouvements tectoniques sont quelques facteurs parmi tant d'autres qui conduiront très vite à de graves problèmes. Des scientifiques indépendants ont démontré que les déchets de « moyenne activité à vie longue » (MA-VL) génèrent de l'hydrogène avec risque d'explosion. Certains sont inflammables et un incendie en grande profondeur serait impossible à maîtriser.

Malgré une masse d'incertitudes technologiques majeures pointée par divers scientifiques indépendants, l'Andra a présenté au débat public en 2013 un dossier lénifiant avec cet engagement invraisemblable : « Aucun impact radiologique avant 100 000 ans » ! Rendez-vous pour voir en 102015 ? Et l'on ne sait toujours pas comment refermer les galeries en toute sécurité ni transmettre la mémoire du site sur des millénaires.

Les riverains sont pour la plupart conscients qu'on ne leur dit pas tout. Les nuisances à venir sont énormes. Jusqu'à deux trains de dix wagons par semaine pendant 125 ans arriveraient au centre d'entreposage-conditionnement de 350 hectares, situé entre quatre villages. Sous terre, 250 kilomètres d'alvéoles de stockage et 15 km^2 de galeries bourrées de déchets atomiques et ventilées pour rejeter les gaz radioactifs à la surface. Dévaluation immobilière, désertification, perte d'image de marque et d'attractivité sont inéluctables mais les élus locaux, appâtés par les 60 millions d'euros annuels actuellement déversés (sans autre contrepartie que leur silence ?) n'ont toujours pas donné la parole aux habitants.

L'urgence : sortir du nucléaire

L'héritage du nucléaire se présente mal. Tout mettre en œuvre pour en sortir et fermer le robinet est de la première urgence. Un contexte détaché d'intérêts financiers immédiats permettrait de décider autrement du sort des tonnes de déchets déjà produits, en consultant toute la collectivité. En attendant, il faut stopper tous les projets de stockage, dont Cigéo/Bure.

Qui paiera la note ? De 15 milliards, Cigéo est passé à 35 milliards d'euros. La Cour des comptes met encore ce chiffre en doute, d'autant que l'inventaire des déchets à enterrer est flou. Et si cet argent servait déjà à organiser la mutation énergétique en sortant du nucléaire ?

Centrale à cycle combiné gaz à Landivisiau (29)

Le 6 juillet 2010, la région Bretagne renonce officiellement au projet de centrale à cycle combiné gaz (CCCG) de 220 mégawatt (MW) à Ploufragan (22), car jugé inutile et rejeté par les élu-e-s des Côtes d'Armor, mais évoque aussitôt un nouveau moyen de production en Finistère.

Le 24 septembre 2010, suite à la conférence bretonne de l'énergie impliquant un volet « sécurisation », la naissance du pacte électrique breton conduit au projet d'implantation d'une nouvelle centrale à cycle combiné gaz de 450 MW dans l'aire de Brest et ce, pour répondre aux besoins de la pointe hivernale (en moyenne une centaine d'heures par an). Aucune information ni concertation de la population en amont n'a lieu...

Le 15 octobre 2010, en réaction à ce projet, un Collectif citoyen Gaspare (Garantir l'Avenir Solidaire Par l'Autonomie Régionale Énergétique) se crée et organise des réunions d'information publiques. Le 14 décembre 2010, le pacte électrique breton est signé entre le président de région, Jean-Yves Le Drian, et l'État avant même que le texte soit voté par l'Assemblée régionale et le Conseil économique et social environnemental (ce sera fait début janvier 2011 !).

Le 7 octobre 2011, la demande de saisine d'un débat public déposée par Gaspare auprès de la Commission nationale du débat public (CNDP) est… rejetée. Le président de la CNDP « regrette » de devoir scinder artificiellement les coûts et s'engage à interpeller le gouvernement pour modifier la loi afin que les projets d'implantation de CCCG puissent donner lieu au débat.

Le 29 février 2012, Éric Besson annonce le lieu d'implantation : Landivisiau, Direct Énergie est l'opérateur désigné. Près d'un an plus tard, le collectif Gaspare rend public son scénario électrique alternatif breton, basé sur les données institutionnelles.

Quelques mois après, le 18 avril 2013, une réunion de travail rassemble, à Morlaix, sous la présidence du sous-préfet de Morlaix, les services de l'État (ministère, préfecture de région, Dreal), les services de la région Bretagne et RTE. Monsieur le préfet de région, Michel Cadot, reconnaîtra par la suite que « Gaspare est légitime » et que nos désaccords ne portent que sur des détails, par exemple, la mise en fonctionnement en 2017 de 150 MW d'hydrolien. Pour un scénario qui démontre que la Bretagne a plus de 900 MW de réserve dans le pire des cas, c'est donner raison à Gaspare et donc entérine de fait l'inutilité de cette centrale. *Le Télégramme de Brest* s'en fait l'écho le 1er juin 2013.

Le 24 novembre 2014, la commission d'enquête émet un avis favorable au projet de gazoduc Bretagne Sud. Le 12 janvier 2015, une seconde commission d'enquête émet un avis favorable au projet de CCCG et aux raccordements gazier et électrique.

Le président de région Bretagne, Jean-Yves Le Drian (devenu par la suite ministre de la Défense), est à l'initiative de ce projet qui est rapidement devenu un projet porté par l'État. L'appel d'offres est donc un appel d'offres lancé par l'État, et il s'agit là d'un cas unique sur le territoire en ce qui concerne les CCCG. L'opérateur désigné est Direct Énergie qui a créé pour l'occasion un consortium avec Siemens.

Impacts écologique, économique et social

Chaque année, cette centrale pourrait rejeter un million de tonnes de CO_2 ainsi que des particules fines. Quarante millions d'euros de subvention par an, prélevés sur la contribution au service public de l'électricité (CSPE), pendant vingt ans sont envisagés, soit une subvention de près de 800 millions que Direct Énergie percevrait même en cas de non-fonctionnement de la CCCG, ce contrat étant renouvelable une fois...

Aucun impact économique pérenne n'est pour l'heure avéré : pour 40 emplois annoncés, combien de projets d'énergies renouvelables abandonnés (pour cause de surproduction électrique) et de centaines d'emplois détruits ?

État de la controverse

Le refus de tenir un débat public (demandé par le collectif Gaspare) en amont et pendant l'enquête publique a réduit la démocratie écologique a sa plus simple expression. Parallèlement, les rejets catégoriques de l'État des demandes formulées par Gaspare d'actualiser le pacte électrique breton selon les dernières données institutionnelles ont accentué le sentiment des opposants de vivre un coup de force institutionnel. Alors même que les dernières publications du réseau de transport de l'électricité mettent en évidence une baisse des consommations électriques et l'obsolescence des données du pacte électrique breton, que la loi de transition énergétique invite fortement les collectivités locales à investir dans les énergies renouvelables et la sobriété énergétique, est-il judicieux d'investir dans des projets climaticides ? Des recours juridiques ont été déposés contre l'autorisation ministérielle d'exploiter et le permis de construire.

Le scénario électrique alternatif breton de Gaspare démontre l'inutilité de la CCCG et anticipe la fermeture des réacteurs nucléaires de l'Unité Ouest. Il établit qu'en réduisant la part du chauffage électrique (la Bretagne est championne de France de ce mode de chauffage), en développant avec plus de conviction les énergies renouvelables, en prenant en compte les interconnexions avec l'Irlande, la région n'a pas besoin d'une CCCG et deviendra au fil des ans une pièce essentielle dans l'Unité Ouest.

En utilisant les 40 millions d'euros par an sur vingt ans envisagés pour soutenir cette CCCG pour réhabiliter l'habitat, on crée de surcroît des emplois pérennes. Gageons que la préparation de la conférence onusienne sur le climat, prévue à Paris en décembre 2015, saura ouvrir les yeux d'un gouvernement parfois enclin à privilégier une écologie hors sol, optant pour des lois écologiques qui peinent à se traduire dans les faits localement.

Pour aller plus loin :

- Site Gaspare : http://www.nonalacentrale.fr
- Scénario électrique alternatif breton de Gaspare : http://www.nonalacentrale.fr/?p=4814.
- Argumentaire Gaspare : http://www.nonalacentrale.fr/wp-content/uploads/2014/10/Argumentaire-Gaspare_aout-2014.pdf.

Golf de Saint-Hilaire-de-Brethmas (30)

Sous l'influence du premier adjoint local et de ses amis, amateurs de golf, las de devoir se rendre à Nîmes pour y pratiquer leur activité favorite, un projet de golf voit le jour en décembre 2004 sur la commune de Saint-Hilaire-de-Brethmas. Une énorme zone à défendre (ZAD) de 360 hectares – le quart du territoire communal ! – est constituée sur la dernière zone agricole et champêtre de la commune sans la moindre consultation de la population.

Le droit de préemption est rapidement transféré à la communauté d'agglomération du Grand Alès qui prend en charge le projet. Rien ne se passe jusqu'en 2008 où les émissaires de la Safer et de la Segard[1] commencent à contacter les propriétaires pour les convaincre de vendre leurs terres à l'agglo alésienne qui paie le prix fort : 20 000 euros l'hectare, plus du triple du prix de la terre agricole, celle-ci constituant l'essentiel de la ZAD. Lors de ce démarchage, les habitants incrédules prennent conscience de la réalité du projet et l'association Saint-Hilaire durable se constitue afin de s'y opposer.

Durant des années, le projet avance dans le plus grand secret. La population devra attendre l'enquête publique du printemps 2013 pour découvrir son ampleur : 2 golfs (18 et

1. Segard : Société d'économie mixte du département du Gard. S.A. de droit privé détenue majoritairement par le conseil général du Gard (78 %).

9 trous), 3 zones d'habitat sur 70 hectares, une zone d'activité commerciale et 2 projets touristiques privés (hôtel pour l'un et résidences de tourisme pour l'autre) pour les deux plus gros propriétaires de la ZAD qui, en apportant leurs terres, ont permis l'émergence du projet.

Pour maintenir verts les « greens » sous le cagnard méditerranéen et les sécheresses chroniques, est prévu un immense bassin de stockage de 300 000 m^3 alimenté par un pompage dans la nappe alluviale du gardon d'Alès, distant de 3,5 kilomètres.

Largement relayée par Saint-Hilaire durable, l'enquête publique connaît une forte participation et une pétition opposée au projet recueille plus de 27 000 signatures.

En juin 2013, la commission d'enquête publique émet un avis défavorable, largement étayé[1].

Malgré la sévérité des conclusions du rapport, le président de l'agglo alésienne – passée par décision préfectorale de 16 à 50 communes – s'obstine et impose immédiatement un « nouveau » projet « d'aménagement agricole, d'habitat et de loisirs » outrancièrement badigeonné de vert : éco-site, éco-golf de 18 trous (la réalisation du 9 trous est différée), éco-hameau (255 logements dont 108 villas !), éco-hôtel 4 étoiles...

Dans un bassin d'emplois sinistré par le chômage et la précarité, nos élus découvrent l'idée miraculeuse censée apporter des dizaines d'emplois. Plus de la moitié de ceux-ci dépendraient du fonctionnement de l'éco-hôtel dont Alès agglo serait partenaire. Car, faute d'investisseur privé, l'argent du contribuable sera mobilisé sans étude financière sérieuse, pour ce qui devient un « golf public », l'ensemble du projet étant (sous)-estimé à 18 millions d'euros...

1. http://www.gard.gouv.fr/Publications/Enquetes-publiques/Les-Hauts-de-Saint-Hilaire-Rapport-conclusions-et-avis

Il importe peu au président d'Alès agglo qu'en mars 2014, une nouvelle municipalité ait été élue à Saint Hilaire sur l'engagement d'abandonner le projet golfique. La signature préfectorale de la déclaration d'utilité publique entraînerait de fait pour la commune la perte de son plan local d'urbanisme, patiemment élaboré pendant des mois avec la participation d'un panel d'habitants.

Pour tenter de convaincre définitivement le citoyen et le contribuable dubitatif, chaque édition du mensuel de l'agglo est mobilisée pour orchestrer la propagande en faveur du « nouveau » projet, avec l'appui ponctuel de la presse locale. La machine à com' de l'agglo alésienne (23 salariés) tourne à plein régime n'hésitant pas à diffuser sur 4 pages une « Lettre d'information sur l'éco-site », un coûteux modèle de propagande mensongère.

Sur le fond, rien de neuf : même si la délirante urbanisation initialement prévue a été revue à la baisse, le montage de l'opération reste identique : c'est la plus-value générée par la vente des 255 logements de l'« éco-hameau » qui doit permettre de financer l'infrastructure golfique.

Ne reculant devant aucun subterfuge, l'agglo alésienne prétend, dans l'exposé de son diaporama de propagande, prendre en exemple le « Hameau des buis » créé en Ardèche, à l'initiative de Pierre Rabhi ! Gageons que cet « éco-golf » sera géré en « agro-écologie »… !

Golf et urbanisation se feraient au détriment de 100 hectares de terres agricoles, et la mise en œuvre du projet condamnerait à terme les derniers « îlots agricoles » de la ZAD[1].

Une enquête publique complémentaire a été demandée sans surprise au préfet par Alès Agglo. Celle-ci devrait avoir lieu à

1. Selon la Safer, le département du Gard perd depuis 15 ans, 1 000 hectares de terres agricoles par an.

l'automne 2015. À moins que les services de l'État, décidant de mettre finalement en cohérence les contraintes qu'imposent les récentes réglementations en matière de gestion de l'eau et l'intérêt général, ne mettent leur veto à ce délirant projet inutile.

DE LA ZONE À DÉFENDRE
À LA PLANÈTE À DÉFENDRE

C'était mieux… demain !

En à peine moins d'une dizaine d'années d'existence, la notion de transition a réussi à fédérer autour d'elle près d'un millier de groupes à travers le monde. Lancé en 2005 dans la petite ville anglaise de Totnes par un professeur de permaculture, Rob Hopkins, ce mouvement s'est rapidement propagé à travers le Royaume-Uni avant d'essaimer progressivement sur tous les continents. Son propos ? Confrontée au dérèglement climatique et à l'épuisement du pétrole, notre société doit profondément revoir ses rapports à l'énergie, aux transports, à l'agriculture, etc. sous peine de risquer un effondrement. Mais alors que ce discours pourrait rapidement devenir anxiogène, la transition propose au contraire une vision volontairement optimiste pour bâtir un nouvel imaginaire. Comment ? En s'appuyant sur les initiatives locales développées à partir de petits territoires – village, ville moyenne, quartier –, des échelles pourtant souvent considérées comme peu pertinentes pour faire face aux enjeux climatiques. En choisissant de passer à l'acte à travers la création de potagers urbains, la plantation d'arbres fruitiers ou la création de jardins partagés, celles et ceux qui sont impliqués dans ces actions réinterrogent notre société et ses errements. L'agriculture est sans doute l'exemple qui illustre le mieux cette volonté d'agir, et il est même possible d'avancer que la question agricole constitue le pivot de ce mouvement. Or celle-ci constitue aussi l'un des points de rencontre avec un autre mouvement qui se développe tout aussi rapidement : l'opposition aux grands projets inutiles imposés.

Depuis plusieurs années, sur fond de crise économique et environnementale, de nombreux combats contre de futures grandes infrastructures routières ou aéroportuaires ont occupé le devant de la scène politique et médiatique. Notre-Dame-des-Landes, petit village de l'Ouest de la France, choisi pour accueillir le futur grand aéroport de Nantes, est devenu, au fil des mois, un symbole. Sivens, Drucat, Bure, Roybon… sont autant de lieux où une contestation se dissémine.

La mobilisation contre l'aéroport de Notre-Dame-des-Landes a pris une tournure nouvelle en octobre 2012, quand les autorités ont réaffirmé leur intention de voir celui-ci aboutir en 2017... En quelques jours, Notre-Dame-des-Landes s'est transformé en véritable Larzac du XXIe siècle, rassemblant des dizaines de milliers d'opposants à l'occasion de plusieurs grandes manifestations. Sommé de réagir, le gouvernement a joué du bâton, allant même jusqu'à utiliser, à Sivens, des grenades « défensives » pour mettre à terre la contestation.

Ces luttes cristallisent les oppositions aux GPII, donnant naissance à une nouvelle forme de mobilisation : les zones à défendre. Un nom en forme de pied de nez, ZAD signifiant, en langage administratif, zone d'aménagement différé. Ce dispositif juridique permet aux collectivités de disposer d'un droit de préemption pour réaliser des opérations d'aménagement, à l'image du projet d'aéroport de Notre-Dame-des-Landes.

Rapidement, des dizaines de zones à défendre ont donc fleuri en France pour contrer des projets de centres commerciaux géants, autoroutes et autres rocades, de lignes ferroviaires à très grande vitesse, de grands stades, des fermes-usines, etc. Avec en toile de fond, la dénonciation des coûts économiques faramineux, la préservation de l'environnement et notamment des terres agricoles, élément central de la transition.

Les ZAD rassemblent des personnes d'horizons divers. On y trouve des paysans du Larzac venus en soutien, des militants écologistes, des luddites (antitechnologie), des anarchistes et libertaires, des décroissants, mais aussi des étudiants ou des retraités, urbains ou ruraux, qui, ensemble, forment une coalition transgénérationnelle et transpartisane, hétérogène donc, mais déterminée à résister.

En somme, un véritable petit peuple de l'écologie et de la transition, qui expérimente, grandeur nature, la permaculture, fabrique éoliennes et fours solaires, invente de nouvelles formes de démocraties horizontales, etc.

Les ZAD pourraient-elles devenir le creuset de l'articulation en France de la transition et des résistances aux GPII ? C'est sans doute encore trop tôt pour le dire mais les graines sont semées.

En attendant, le mensuel *S!lence*, dans son numéro de juin 2013, a comptabilisé près d'une centaine de grands projets inutiles. Bien sûr, tous n'ont pas encore leur ZAD mais les zadistes (comme ils et elles se surnomment) ont bien l'intention de ne pas s'arrêter là et de continuer à « semer des ZAD partout ».

Se mobiliser pour joindre l'inutile à l'agréable !

Les crises qui secouent le productivisme ont pour effet d'amener ses zélateurs à appliquer, chaque fois, méthodiquement, les mêmes recettes qui produisent immanquablement les mêmes conséquences. Lorsqu'un système s'effondre brutalement, nombreux sont ceux qui cherchent à s'accrocher aux branches, par réflexe, peur ou conformisme. Crise économique aidant, responsables politiques et décideurs économiques se liguent pour apporter des solutions clefs en main : la relance par la croissance, la stimulation de l'activité économique par le financement de vastes projets inutiles.

La peur du lendemain ou la pression idéologique qui nous enjoint toutes et tous à nous replier sur la sphère privée a laissé l'espace démocratique vacant. Face au reflux de l'engagement, État et entreprises ont eu les coudées franches pour définir un projet de société dans lequel citoyens et militants sont réduits au simple rôle de consommateur-producteur-spectateur.

Repu, le citoyen s'est assoupi dans le doux cocon de son antre privatif. Le système capitaliste n'en attendait pas tant pour porter le coup de grâce. Système à la dérive, l'ultralibéralisme ne cherche plus seulement à dominer mais souhaite humilier et assouvir sa soif de pouvoir. Il multiplie ainsi des grands projets manifestant sa domination dans la grandiloquence et la morgue dont la seule vertu est de faire vivre la flamme de la contestation et de l'engagement. Le grain de sable a des fourmis dans les jambes et refuse de se laisser enfermer dans un béton armé.

Partout se lève une contestation vivifiante qui a su tirer les leçons du militantisme pyramidal. À l'embrigadement et au prêchi-prêcha idéologique du XXe siècle, ces nouveaux contestataires opposent une créativité qui peut dérouter ; ils et elles ne se laissent plus enfermer dans une étude sociologique. Ils et elles aspirent à reprendre en main leur destin, à s'émanciper des vieux schémas qui conduisent de la contestation au conformisme.

Et la victoire peut parfois être au bout du tunnel… Le surgénérateur Superphénix, Le Carnet, Plogoff, le Larzac, le grand canal Rhin-Rhône, le circuit de Formule 1 prévu à Flins sont autant d'exemples nous démontrant qu'à l'impossible nul n'est tenu ! La mobilisation et la détermination peuvent avoir raison de l'entêtement de quelques-uns.

Face au monolithisme d'un système à bout de souffle, ces mille et unes luttes nous disent une chose : nous voulons vivre et non plus survivre. Nous ne souhaitons plus nous mobiliser pour défendre le « moins pire des mondes ». Nous aspirons au meilleur. À la vie vivante. Tout simplement.

Les ZAD ne sont pas seulement des lieux de contestation, elles sont aussi le creuset d'un monde qui réapprend à vivre sans prothèse asphyxiante, des lieux d'apprentissage, des agoras où renaissent l'esprit de lutte, l'envie d'échanger, le besoin de s'engager. À toutes celles et ceux qui ont osé sortir des sentiers battus et reprendre les chemins (parfois boueux) de la mobilisation, à toutes celles et ceux qui, sans renoncer à leur individualité, savent se fondre dans un collectif, nous n'avons qu'une chose à dire : continuez ! Continuons...

ANNEXES

Glossaire

Inaugurite : Maladie généralement contractée à l'occasion du troisième mandat d'un député-maire-président de la communauté de communes. Elle s'attrape par simple contact, proximité ou échange avec un représentant de la direction des routes du ministère des Transports. L'inaugurite peut également se répandre par inhalation accidentelle de gaz à effet de serre, forte dose de kérosène, particules fines ou irradiations soudaines. Les premiers symptômes apparaissent en même temps qu'une certaine forme de surdité démocratique et presbytie populaire. Le goût du pouvoir a pour effet d'inhiber toute forme de discernement, amenant l'édile local à manier l'inaugureuse (petite paire de ciseaux spécialement dédiée à la découpe de ruban) devant le journaliste de la presse quotidienne régionale venu spécialement immortaliser cet événement « historique ». Avec le temps, l'inaugurite peut évoluer en maladie chronique s'attaquant au système nerveux central amenant le baron local à exiger la dissolution du peuple, le remplacement des terres arables par du bitume et l'ouverture d'un compte en Suisse. À ce jour, le seul antidote connu est la mobilisation citoyenne et l'éducation populaire.

Ouvrage d'art : Autre terme désignant un grand projet inutile. Généralement utilisé par le corps des Ponts et Chaussées, le terme égaye le dossier d'enquête publique. L'insertion paysagère de l'ouvrage d'art est acquise grâce aux logiciels de retouche d'image. À l'instar de nombreuses techniques de verdissement écologique, le conditionnement débute avec l'usage abusif de termes inappropriés. « L'ouvrage d'art » n'a rien d'artistique mais laisse supposer aux riverains et victimes potentielles qu'ils résideraient à proximité d'une infrastructure quasi expérimentale. La réalité vécue est malheureusement bien plus triviale qu'énoncé : le bruit d'une route, l'odeur du kérosène, la fragmentation des écosystèmes, l'artificialisation des terres agricoles, etc.

Croissance : Mode de pensée autoréférentielle conduisant à se persuader qu'un monde fini peut croître à l'infini. Utopie du XXe siècle née durant les trente glorieuses et cinquante gaspilleuses prétendant créer de l'emploi, du pouvoir d'achat et le bonheur sur terre.

Emploi : Dieu. Religion des sociétés hypertechno-logiques et scientifiques. Mot magique des politiciens et aménageurs en tout genre. Sorte de totem, il convient de lui vouer un culte au cours duquel toute forme d'interrogation sur le sens de la vie est strictement défendue : que produire, comment, avec qui, pour qui, où, quand ? Nuisible, inutile ou utile, il doit être idolâtré sans condition. Justifie tout. Droits sociaux et écologie sont systématiquement sacrifiés sur son autel. Paradoxe : plus on a de preuves de sa disparition et de son inexistence, plus ses apôtres nous le resservent à toutes les sauces. Véritable rouleau compresseur de la pensée, sa simple évocation doit empêcher toute forme de réflexion.

Pétrole : Substance visqueuse collant aux doigts des décideurs qui n'arrivent pas à s'en détacher. Malgré deux chocs pétroliers, un pic de production sans doute déjà derrière nous, une augmentation continue et inquiétante de la concentration de gaz à effet de serre, cette ressource énergétique reste au centre de la politique énergétique mondiale. Pire, le recours aux gaz et huiles de schiste crée l'illusion d'un nouvel âge d'or noir, occultant délibérément les conséquences climatiques d'un tel choix. De fait, le conservatisme énergétique allié au lobbying des pétroliers conduit nos sociétés sur les chemins hasardeux du choc climatique.

Long terme : Pour tout élu en quête de réélection, période au-delà des 100 premiers jours de mandat. Le système électoral repose sur une ambiguïté majeure qui interdit de concilier les enjeux de long terme avec la pression du quotidien. Une écrasante majorité d'élus locaux et nationaux privilégie l'orthodoxie économique, et toute idée de transition écologique ne peut être perçue, dans ces conditions, que comme une agrégation de contraintes insupportables.

Générations futures : Mes enfants. Peut également s'appliquer à toutes les générations passées et à venir. Peut ainsi se conjuguer comme suit : « Je suis la génération future de mes parents ».

Ministère de l'Écologie : Institution en charge de l'avenir de la planète, dont le poids politique réel est généralement inversement proportionnel à l'emphase du verbe.

Ayraultport : Cimetière des éléphants dans lequel sont enterrées les illusions d'un changement de paradigme.

Peuple : Vu d'en haut, masse informe comptant pour quantité négligeable.

Démocratie : Vu d'en bas, système politique dominé par une oligarchie élective.

Progrès : Ne vaut que s'il est partagé par tous, nous informe la SNCF. Mais avant de le partager, encore faut-il en mesurer le sens. Dans sa version technoscientifique, le progrès n'améliore en rien la vie ni ne cherche à promouvoir l'émancipation des individus.

Conservateur : Produit toxique censé allonger la durée de vie d'un aliment. Personne censée être idéologiquement rétive au changement politique, optant pour une vision passéiste et un ordre patriarcal dépassé. Étonnamment, le conservateur ne souhaite appliquer son conservatisme qu'à un système politique bouleversant les fondements mêmes de la vie sur terre. Le conservatisme aurait pu être l'attitude d'une personne préconisant, non pas un statu quo, mais la conservation de ce qui peut encore l'être, notamment du point de vue écologique. Voir aussi « destructivisme ».

Destructivisme : Idéologie dominante imposée par les conservateurs qui ne conservent rien d'autre que leur propre pouvoir de détruire.

Aménagement du territoire : Tout élu local qui se respecte (à défaut de respecter le territoire dont il a la gestion) doit recouvrir sa terre d'élection de larges et nombreuses infrastructures. Sans autoroutes, lignes LGV et aéroports, son territoire serait considéré comme « enclavé ». Ce faisant, le citoyen se sentirait automatiquement abandonné en rase campagne, éloigné des lieux de décision et finalement relégué dans un statut de prisonnier volontaire. L'aménageur doit donc avoir présent à l'esprit qu'une infrastructure, même si elle transperce le territoire sans le desservir, apporte l'illusion d'un raccordement à la vie urbaine, entraînant de fait une normalisation par le bas des territoires.

Nature : Portion de territoire exempte de toute pollution que le citoyen peut admirer en regardant Ushuaia TV ! Existe aussi en téléchargement ou sur CD vendu dans les Nature & Découvertes, bombe désodorisante senteur Printemps.

PIB : Acronyme ; participe au productivisme rédactionnel qui réduit toute pensée complexe à une succession de lettres censées expliquer le monde qui nous entoure. Grâce à ce minimalisme sémantique, il est désormais possible d'enfoncer des idées creuses dans des cerveaux disponibles en peu de temps.

Vinci : Signifie « dégage » en breton.

Plogoff : Signifie « dégage » en breton. Bout du monde qui fut le théâtre d'une vaste opposition antinucléaire victorieuse.

Brennilis : Signifie « dégage » en breton.

Carnet : Signifie « dégage » en breton. Située à un nuage radioactif de Plogoff, cette commune a bien failli accueillir un réacteur nucléaire, projet qui fut définitivement abandonné en 1997.

Breton : Peuple accueillant ayant pas mal de mots pour exprimer le terme « dégage » et faire comprendre aux bétonneurs et pollueurs de toute sorte qu'il va falloir partir de là… Hormis leur visée expansionniste sur le Mont-Saint-Michel, ils arrivent généralement à leurs fins.

Enquête publique : Généralement expéditive, l'enquête publique peut parfois être confondue avec une enquête du public, permettant aux technocrates de mieux cerner la personnalité de l'opposant, par nature individu buté et irrationnel, récusant le progrès, la croissance et le PIB. Dans sa version édulcorée, l'enquête publique accompagne le grand projet inutile avec l'ambition à peine cachée de faire accepter l'inacceptable. Rares sont les enquêtes ayant abouti au rejet du projet.

Débat public : Procédure administrative visant à inviter les potentielles victimes d'une infrastructure à se saisir du projet qui détruira leur environnement ; si possible avec le sourire tout en remerciant poliment la commission nationale du débat public d'avoir tenté de faire moins pire que prévu. Voici venu le temps du moins pire des mondes…

Grenelle : Voir Greenwashing.

Greenwashing : Ensemble de techniques visant à manipuler l'opinion. Appliqué méthodiquement par le secteur publicitaire, le verdissement écologique tend à s'introduire subrepticement dans le champ politique à mesure que l'urgence écologique s'impose dans le débat public. De fait, le greenwashing aboutit à une écologie hors sol où les discours lyriques cachent mal une inaction chronique. Le Grenelle de l'environnement est à la politique ce que le hamburger bio est à la gastronomie. Face aux crises écologiques, nombre de politiciens optent pour un double discours qui devient une seconde nature.

ZAD : Zone à défendre ; mises bout à bout, les ZAD aboutissent à une PAD (planète à défendre)…

Keynes : Mari de Barbie et père du keynésianisme, pensée économique préconisant une politique de relance par les grands travaux.

Catastrophe nucléaire : Selon un ingénieur des Mines, impossibilité théorique ; tout juste consent-il à envisager l'inenvisageable, penser l'impensable pour finalement accepter l'inacceptable. À la suite des catastrophes de Tchernobyl et de Fukushima, la catastrophe nucléaire devient possible ailleurs mais demeure impossible en France, pays toujours protégé des nuages radioactifs et des catastrophes nucléaires grâce à sa ligne Maginot.

Indépendance énergétique : Grâce à l'uranium nigérien, la France acquiert une indépendance électrique très loin d'assurer à l'Hexagone une indépendance énergétique. Pour mieux vendre une technologie nucléaire profondément et durablement impopulaire, le lobby nucléaire n'a eu de cesse de jouer sur le registre du village gaulois, fier de son autarcie énergétique. Pétrole, charbon, gaz et uranium sont en totalité importés de l'étranger. Seules les énergies renouvelables peuvent être considérées comme des sources d'énergie locales améliorant un peu notre indépendance énergétique.

Automobile : Symbole de la société de consommation qu'il serait sans doute plus judicieux de nommer « autobloquante » au regard des embouteillages qu'elle engendre régulièrement en périphérie des villes. Cette arme de destruction massive a pour effet de détruire le climat, de provoquer des accidents mortels, du bruit ; elle émet quantité de polluants et microparticules, gaspille les derniers litres de pétrole que les temps géologiques ont patiemment constitués.

Ponts et chaussées : Grand corps malade composé d'ingénieurs persuadés de leur supériorité technique. À la mauvaise habitude de confondre Léonard de Vinci et Vinci Construction. En présence d'écologistes, leurs mains tremblent, la transpiration perle sur leur front dégarni, le regard hagard cherche la sortie et ils finissent par éructer et quitter la salle. La suffisance et la certitude de détenir le « pouvoir du temps » font partie de leurs nombreuses qualités insuffisamment reconnues.

Dégage : Invitation courtoise faite par certains écologistes à l'endroit des bétonneurs. Précède généralement une action de fauchage, déboulonnage, démontage, barbouillage, dégonflage…

Bitume : Substance fortement addictive que tout directeur des routes qui se respecte sniffe avec avidité. Les plans d'un ouvrage d'art alliant béton et bitume produit sur ce décideur un effet hautement stimulant.

Camille : Nom d'emprunt permettant de préserver l'anonymat des opposants et de les protéger d'éventuelles poursuites judiciaires. L'usage du prénom « Camille » évite également l'apparition de « porte-parole charismatiques » cherchant à se faire un nom au travers d'une lutte collective afin d'être « vu à la télé ».

Cyberographie

Des liens pour agir :

Agir pour l'Environnement : www.agirpourlenvironnement.org
Réseau Sortir du Nucléaire : www.sortirdunucleaire.org
Attac : www.france.attac.org
Les Amis de la Terre : www.amisdelaterre.org
France Nature Environnement : www.fne.asso.fr
Confédération paysanne : www.confederationpaysanne.fr
Greenpeace : www.greenpeace.org/france/fr
Réseau Action Climat France : www.rac-f.org

Des liens pour comprendre :

Reporterre : www.reporterre.net
Silence : www.revuesilence.net
Politis : www.politis.fr

Agir pour l'Environnement, association de mobilisation citoyenne, mène campagne contre les grands projets inutiles depuis de nombreuses années. Opposée au tunnel du Somport, au viaduc de Millau puis, à partir de 2008 à l'aéroport de Notre-Dame-des-Landes ou au projet de circuit de F1 à Flins, Agir pour l'Environnement participe activement au réseau Stop-autoroutes et dénonce la dangerosité et le coût du nucléaire en France. OGM, pesticides, nuisances sonores, champs électromagnétiques, nucléaire, élevages industriels, les combats menés par l'association rassemblent régulièrement des dizaines de milliers de citoyen-nes prêts à agir.

L'association peut compter sur un réseau de plus de 4 200 adhérent-es et 10 000 donateurs-trices lui garantissant une liberté de parole et d'action totale.

Association Agir pour l'Environnement
2 rue du Nord
75018 Paris
Tél : 01.40.31.02.37
Email : contact@agirpourlenvironnement.org
www.agirpourlenvironnement.org

Les ouvrages des éditions le passager clandestin

• Essais

Autonomie ou barbarie
Manuel Cervera-Marzal et Éric Fabri
Utopie du logiciel libre
Sébastien Broca
Le plébéien enragé
Alain Brossat
L'homme superflu
Patrick Vassort
Do It Yourself!
Fabien Hein
La fabrique du féminisme
Geneviève Fraisse
Le cœur d'une ville... hélas !
Jean-Marc Sérékian
De l'engagement dans une époque obscure
Miguel Benasayag et Angélique Del Rey
L'impératif de désobéissance
Jean-Marie Muller
Traversée interdite !
Virginie Lydie
Rêveurs, marchands et pirates
Joël Faucilhon
¿Dónde Están?
Daniel Dupuis
Des arbres pas corrects
Muriel Allaert Degunst
La butte verte
Sylvain Garel
De la rencontre au désir
Claude Coulbault

• Désobéir *(par les Désobéissants)*

Désobéir pour l'eau
Désobéir pour les animaux
Désobéir au colonialisme
Désobéir à la guerre
Désobéir à la voiture
Désobéir pour l'école
Désobéir à Big Brother
Désobéir au sexisme
Désobéir à l'argent
Désobéir à la précarité
Désobéir dans l'entreprise
Désobéir pour le logement
Désobéir pour le service public
Désobéir par le rire
Désobéir au nucléaire
Désobéir avec les sans-papiers
Désobéir à la pub
Désobéir : Le petit manuel
par Xavier Renou

• Les précurseurs de la décroissance

Theodore Roszak vers une écopsychologie libératrice
Mohammed Taleb
Lewis Mumford pour une juste plénitude
Thierry Paquot
Diogène et les cyniques ou la liberté dans la vie simple
Étienne Helmer
Pierre Kropotkine ou l'économie par l'entraide
Renaud Garcia
Lao-Tseu et les taoïstes ou la recherche d'une vie harmonieuse
Claude Llena
André Gorz pour une pensée de l'écosocialisme
Françoise Gollain
Cornelius Castoriadis ou l'autonomie radicale
Serge Latouche
Jean Giono pour une révolution à hauteur d'homme
Édouard Schaelchli
Léon Tolstoï contre le fantasme de toute-puissance
Renaud Garcia
Charles Fourier ou la pensée à contremarche
Chantal Guillaume
Lanza del Vasto ou l'expérimentation communautaire
Frédéric Rognon
Jacques Ellul contre le totalitarisme technicien
Serge Latouche
Épicure ou l'économie du bonheur
Étienne Helmer

• Les Transparents

Un baptême iroquois
Baron de Lahontan/Maxime Gohier
Le rapport Brazza
Mission Pierre Savorgnan de Brazza, Commission Lanessan/Catherine Coquery-Vidrovitch
La ligne noire des bisons
John Tanner/Daniel Royot
Chroniques de la guerre de Floride
Laudonnière, Le Challeux et De Gourgues/Frank Lestringant
« Votre paix sera la mort de ma nation »
Hendrik Witbooi/J.M. Coetzee
Quinze jours au désert
Alexis de Tocqueville/Claude Corbo

• Hors collection

Ce qu'on dit des Rroms
Jean-Pierre Dacheux
Lettres rebelles
Patrick Farbiaz
Prise de Terre
Textes : Stéphen Kerckhove. Dessins : Red!
Le petit livre noir des grands projets inutiles
Camille
Dans les mâchoires du chacal
Gael Baryin
L'écologie en 600 dates
Collectif, coédition avec la revue S!lence

Et retrouvez l'intégralité des ouvrages des éditions Le passager clandestin sur :
www.lepassagerclandestin.fr.

IMPRIMÉ EN FRANCE

Dépôt légal : 3e trimestre 2015

Cet ouvrage a été achevé d'imprimer
par l'imprimerie « La Source d'Or »
69039 Clermont-Ferrand
en juillet 2015

Numéro d'impression : 17970
ISBN : 978-2-36935-037-8